SCIENCE TRAVEL GUIDE
科学导游指南

丛书主编　陈安泽

颜景生　王元波　袁野等　编著

上海科学普及出版社

图书在版本编目（CIP）数据

青州科学导游指南/颜景生，王元波，袁野等编著.——上海：上海科学普及出版社，2014.6

（中国国家地质公园丛书）
ISBN 978-7-5427-6100-2

Ⅰ.①青…Ⅱ.①颜…②王…③袁…Ⅲ.①旅游指南—青州市 Ⅳ.①K928.952.4

中国版本图书馆CIP数据核字（2014）第096482号

责任编辑：胡 伟
封面设计：李 军

中国国家地质公园丛书
青州科学导游指南

颜景生 王元波 袁 野等 编著
上海科学普及出版社出版发行
（上海中山北路832号 邮政编码200070）

各地新华书店经销 上海豪杰印刷有限公司印刷
开本889×1194 1/32 印张4.375
2014年6月第一版 2014年6月第一次印刷
ISBN 978-7-5427-6100-2 定价：24.00元

丛书主编

陈安泽
著名旅游地学专家、中国地质科学院研究员

本书编辑委员会

顾　问// 孙忠礼
主　任// 韩幸福
副主任// 刘金国　金　玮
委　员// 房　玉　王成亮　刘安源　姜能翔　林新兴
　　　　 于　波　胡维波　曾　军　徐　品　常允新
　　　　 姚春梅　刘元德　杨中奎　田详章　盖宇瑞
　　　　 贾忠德　闫金亮
主　编// 颜景生　王元波
副主编// 袁　野　刘洪亮　董国亮
参加编写// 王志强　姚英强　杨学强　冀增胜　田世安
　　　　　 高月新
摄　影// 石　磊　马学良　岳玉才　韩祥雷等
图片提供// 青州市国土资源局

丛书主编的话

地质公园（Geopark）是21世纪涌现出来的一项新生事物，是地质工作开拓服务领域的一项创举，是旅游业的一个新品牌。顾名思义，地质公园是以地质遗迹为主要观赏、游览对象的公园。地质遗迹听起来似乎有些陌生，其实自然界的山山水水、古生物化石等都属于地质作用形成的地质遗迹，那些以真山真水构成的自然公园，都属于地质公园的范畴，只不过在本世纪之前没有正式命名罢了。值得特别提出的是，建立地质公园的思想是中国旅游地学家率先提出的，地学家在20世纪70年代末期为中国蓬勃兴起的旅游业服务中受到启发，为了保护地质遗迹和为旅游业提供具有地学知识含量的旅游场所，于1985年先后向国务院和原地质矿产部提出建立"地质公园"、"国家地质公园"的建议，因当时时机尚不成熟而未能正式实现。20世纪末，联合国教科文组织提出了建立"世界地质公园网络（Unesco Network of Geoparks）"的倡议，中国旅游地学家抓住这个机遇，于1999年向国土资源部提出建立地质公园的建议，国土资源部接受了建议，决定开展中国国家地质公园计划。于2000年末，云南石林等中国首批国家地质公园诞生，也是世界上第一次出现"国家地质公园"。到2011年止，中国已建成140处国家地质公园，另有60处获得了建设国家地质公园资格，正在积极建设中。在中国及欧洲推动下，2004年世界地质公园正式面世，现今中国已有26处地质公园成为联合国教科文组织"世界地质公园网络"成员，并有大批省级地质公园建立。在短短的11年中，一个管理级别有序、地质景观类型多样、地理分布面广的中国地质公园体系已初步建立，地质公园已成为最受欢迎的旅游对象之一，并展现了光明的发展前景。

地质公园担负着三项主要任务：第一，保护自然环境，保护地质遗迹；第二，开展普及地球科学知识，促进全民族科学素质的提高；第三，开展旅游活动，促进地方经济社会可持续发展。地质公园中不但含有各种具有特殊科学价值和美学价值的地质地貌景观，同时往往含有重要价值的人文景观和丰富多彩的生物、气象景观。游人在地质公园中，不但可以欣赏到山水美景，享受到优良的生态环境，还可以在游览中顺便获得许多地学、生物学和历史文化知识，增加游兴，获得高层次的精神享受。

但是，由于山水形成的机理较为深奥，许多游人在游山玩水中想获得这些知识却缺乏途径。为了把地质公园内涵丰富的科学价值、美学价值和历史人文等信息更好地传递给公众，使游人在欣赏山川美景、享受自然风光的同时，能够获取科学知识、感悟历史文化熏染，我们在各级国土资源部门和各地质公园的支持下，组织了国内著名的旅游地学专家，编纂了这套"中国国家地质公园丛书"。截至2011年已出版了庐山、五大连池、黄山、张家界等9本，受到了读者的热烈欢迎，也极大地鼓舞了编写人员的创作热情。自2012年起，对丛书进行改版，将国家地质公园按批准顺序编号，加快出版各地质公园单行本，并按惯例将各省按序编卷，出版省、市国家地质公园丛书分卷本。丛书以国家地质公园为单位，从科学导游的角度，深入浅出、图文并茂地阐述各地质公园中各类地质地貌景观的形成演变、发展过程，同时还系统地介绍公园其它自然和人文景观，使科学和人文融为一体。书中还把各种景物按园区和旅游线路组织起来，方便读者阅读使用。另外，书中也介绍了公园周边风景名胜及去地质公园时如何安排吃、住、行、游、购、娱等实用信息，对自助旅游可以起到较好的指导作用。本丛书还是了解中国自然山水、人文历史的知识宝库，具有重大的收藏价值。

本丛书是一部巨著，并将随着地质公园的发展日益增多。笔者年事已高，完成它已力不从心，企盼尽早有人接替。衷心感谢王艳君同志、各位作者、上海科学普及出版社等在编辑出版过程中的尽力协助。

陈安泽
2012年5月

目录
CONTENTS

纵览青州　　1
2 — 大观中鲁，东方古州
9 — 海岱明珠，美丽花都
17 — 北方岩溶奇观，亿年地质史书

地质历史　　23
24 — 区域地质背景
31 — 地质演化史

人文历史　　35
36 — 历史沿革
40 — 龙兴寺佛教造像石刻艺术
43 — 青州名人

游览青州　　　　　51

52 — 云驼园区
66 — 仰天山—黄花溪园区
88 — 地质博物馆
89 — 优秀旅游城市

思索青州　　　　　95

96 — 青州地质遗迹形成条件
101 — 地质遗迹的形成过程

旅游资讯　　　　　109

110 — 行　　112 — 住
114 — 吃　　119 — 游
122 — 购　　124 — 娱

中国国家地质公园丛书编制出版编目

纵览青州

大观中鲁,东方古州
海岱明珠,美丽花都
北方岩溶奇观,亿年地质史书

大观中鲁,东方古州

青州地居鲁中,历史悠久,人文荟萃,名胜广被。汉晋以来,迭为名城重镇,久称兵家险隘。交通便利,物产丰饶,经济发达,社会文明,人民幸福。青州,一座古老而年轻的城市,一颗绚丽夺目海岱明珠,正朝气蓬勃,崛起在东方。

▲ 青州在中国的位置
▶ 山东省国家地质公园分布图
▶ 古九州地图

青州市地处山东半岛中部,北纬36°04′至36°08′,东经118°00′至118°06′,地理区位优势明显,位于济南、青岛两个中心城市的中部和山东省大旅游格局的中心地带。青州东接鸢都潍坊,西临工矿重镇淄博,南邻革命老区临沂,北傍黄河入海口东营,交通网络发达,胶济铁路、济青高速贯穿东西,青临铁路、东青高速纵横南北,胶王、荣兰、羊临、博临等国省道与市、乡公路纵横交错,是山东半岛腹地重要的交

通枢纽和物资集散地。

青州于1986年3月经国务院批准撤县设市,辖12个镇、街道办事处,总面积1569平方千米,人口90余万,有汉、回、满、蒙古、苗、傣、彝、傈僳、侗、黎等民族。

青州被誉为"东方第一州",是历史上古九州之一,素有"海岱明珠"之称。宋代苏辙盛赞青州"面山负海古诸侯,信美东方第一州"。《尚书·禹贡》记载"海岱惟青州",因地处海(东海)岱(泰山)之间,位于东方,"东方属木,木色为青",故名青州。

青州在远古时为东夷之地,传说大禹治水后,按照山川河流的走向,把全国划分为青、徐、扬、荆、豫、冀、兖、雍、梁九州,青州是其中之一。中国最古老的地理著作《尚书·禹贡》中称"海岱惟青州"。海即渤海,岱即泰山。据《周礼》记载"正东曰青州",并注释说:"盖以土居少阳,其色为青,所以称青州。"《吕氏春秋》称青州为"东方之州"。

在华夏五千年的历史长河中,青

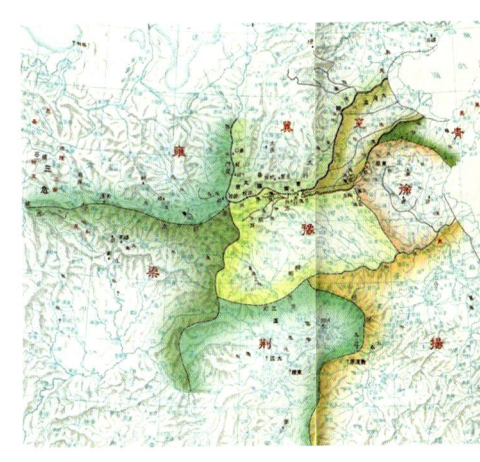

州迭为名城重镇，在全国有着重要的影响，作为山东境内的政治、经济、军事、文化中心，长达1400多年之久。西汉元封五年，设青州刺史部，是全国13刺史部之一，治所广县城（今城西1华里处），辖5郡4国100多县。魏晋南北朝仍置青州刺史部，辖9郡47县，399-410年作为南燕国国都，慕容德成为山东境内的唯一一个皇帝。隋置青州总管府，辖4郡36县。唐仍先后置青州总管府、都督府，辖8州49县，中唐及五代设平卢淄青节镇，辖15州。北宋初设京东路，辖26府、州、郡、89县，熙宁七年设京东东路，辖1府7州36县。金设山东东路，辖2府11州53县83镇。元初设益都行省，后设山东东西道宣慰司，辖3路12州44县。明初设山东行中书省，辖6府15州89县，洪武九年（1376年）移治历城。此后，明中后期及清代一直作为青州府治所。

青州古城池也随着历史的变革不断变迁，汉设广县城，现瀑水涧以西。晋永嘉五年（311年）建广固城，经六次大攻坚战，至410年夷为平地。东晋灭南燕后，另筑东阳城（西至现海军402医院，南至南阳河，东至城关医院，北至尧王山路）。北魏孝明帝筑南阳城，城高3丈5尺，濠3丈5尺，周13里，其规模比济南城高3尺长1里。

青州为历代军事重镇。南北朝及唐初政治官员兼顾军事，唐五代时期青州是平卢节度使治所。宋金在此设镇海军，北宋在此设京东东路安抚使，金代设山东东西路统军使，元设益都帅府、元帅府，明设山东都卫、都指挥使司，清设山东提督、分巡道、海防道，建八旗驻防城。历史上在青州分封的王侯较多，汉代封召欧为广侯传五世，封刘便为广侯传三世，元封迈努为忠靖王、益王，明封齐王、汉王、衡王。

青州是一座历史文化名城。文化是国家和民族的灵魂，集中体现了国家和民族的品格。文化的力量，深深熔铸在民族的生命力、创造力和凝聚力之中，是团结人民、推动发展的精神支撑。古青州作为"禹分九州"之一，是东夷文化的发祥地，有着7000多年的历史。她钟天地之灵气，纳齐鲁之风采，有着深厚的历史文化底蕴。青州境内有北辛文化、龙山文化、大汶口文化等遗址270多处。先后出土了商代铜钺、汉代玉璧等古代文物，发现了仇英仿的《清明上河图》，明万历年间殿试状元卷真本等文物字画达两万余件。云

◀ 范公亭
▼ 今日青州夜景

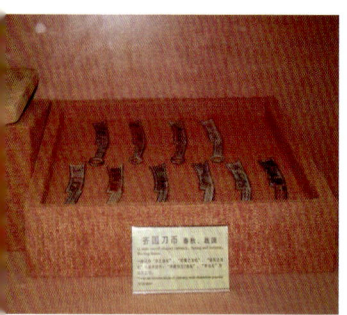

▲ 战国齐刀币
▼ 《清明上河图》和《状元卷》
▶ 石窟造像
▶ 青铜簋

门山是青州的象征，尤其以摩崖石刻大"寿"字而闻名。驼山北周石窟造像是我国东部之最，龙兴寺遗址，被誉为中国考古的重大发现而轰动国内外。玲珑山的魏碑真迹，每年都吸引着众多中外书法爱好者到此临摹。

青州是佛教传入汉地最早的地区之一。作为齐鲁境内的佛教中心，青州有1700多年的历史和净土宗、禅宗、密宗等多种宗派，并留下了大量遗迹。如始建于北魏的龙兴寺，始建于北宋的万年桥，始建于元代的真教寺，明衡王府石坊，隋唐时期的云

门山、驼山石窟造像群等。尤其是近年来,许多佛教遗存的发现和修复,以及大量佛学研究论文和专著的相继问世,为青州的佛教文化营构了较高层面的内涵。

青州曾出过六名状元,一名宰相,两名"阁老",十二名尚书,仅明朝就有80余名进士。在青州出生或定居、为官的著名人物有南燕建立者慕容德,北魏地理学家郦道元,农学家贾思勰,唐代北海郡太守李邕,北宋龙图阁大学士燕肃,状元宰相王曾,宰相富弼,文学家和政治家范仲淹、欧阳修,词人李清照,明代兵部尚书石茂华、工部尚书董可威、礼部尚书状元赵秉忠,清代华文殿大学士冯溥等。李白与杜甫曾联袂到青州游历,留下不少诗篇。近现代有"一门忠烈"抗日英雄冯旭臣一家,"一门九烈"抗日英雄刘旭东一家。

青州自古工农业发达,经济繁荣。世界农学史上最早的专著之一、中国现存的最完整的农书——《齐民要术》就诞生在这片土地上。《齐民要术》系统地总结了6世纪以前黄河中

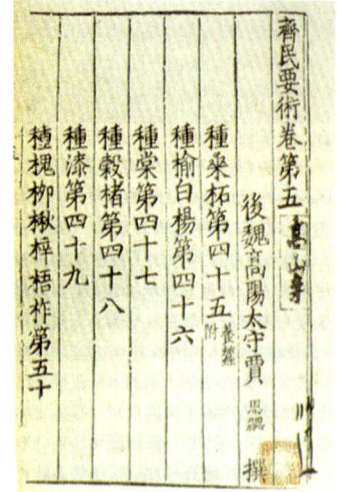

下游地区农牧业生产经验、食品的加工与贮藏、野生植物的利用等，收录了1500年前中国农艺、园艺、造林、蚕桑、畜牧、兽医、配种、酿造、烹饪、储备，以及治荒的方法，可见北魏时期的青州就是农业生产技术十分

发达的地区。《尚书》中就记载青州贡品有丝、商周青铜器、隋唐石雕、明代铸造都盛极一时。青州博物馆馆藏商代铜钺、唐代铜铎、明代铁鹤、千手观音、弥勒佛等大型铸件，显示了极高的工艺水平。

现在的青州农业特色鲜明，工业基础雄厚，服务业发展迅猛。培育形成了瓜菜、畜牧、花卉、果品、优质粮五大农业支柱产业和机械制造、石油化工、冶炼建材三大工业主导产业，旅游业、物流业、现商贸流通业、文化产业等服务业蓬勃发展。近年来，先后获得国家卫生城市、国家园林城市、中国优秀旅游城市、全国双拥模范城、全国民族团结进步模范集体、国家级生态建设示范区等国家级荣誉称号17项，是山东30强、全国百强县之一。

海岱明珠，美丽花都

"海岱惟青州"，青州地处渤海和泰山之中间部位，南部层峦叠嶂，绵亘百里，地质遗迹景观资源丰富；北部膏壤沃野，广袤万顷，花卉等农业产业蓬勃发展。青州四季分明，气候宜人，环境优美，是齐鲁大地上一颗光彩夺目的明珠。

青州市处于鲁中山区和鲁北平原交接处，地貌形态受地质构造控制，以断块地貌为主。自中生代起，受燕山运动特别是第三纪喜马拉雅运动的影响，产生大规模的拉升和凹陷，形成若干断块和个别断块盆地等正负地形。中低山、丘陵、剥蚀平原为主要的地貌类型。西南部为石灰岩中低山丘陵区，占全市总面积的34.6%，东南部为玄武岩岗丘区，占全市总面积的7.9%；东北部为平原，占全市总面积的57.5%。青州市的地势由西南向东北逐渐倾斜，全市最高点是西南山区的三县顶，海拔953.9米，最低点在何官镇北部的张高村，海拔16.2

◀ 优秀旅游城市
◀ 《齐民要术》书影
▼ 群山望海

▲ 红叶遍山
▼ 杨集瀑布
▶ 弥河之冬

米。地面坡度山前为1/250，中间为1/700，北部平原为1/1000。青州海拔800米以上的山峰有15座，其中900米以上的有9座，山脉多呈北东—南西走向，主要山峰有三县顶、反个崖、逄山、仰天山、云台山、卸石山、云门山、驼山、玲珑山、凤凰山、方山等，最高峰三县顶（青崖顶）海拔953.9米。

青州属于北温带亚湿润气候区，具有大陆性季风气候特征，四季分明，夏、冬长，春、秋短。多年年平均气温13.7℃，多年平均年日照时数为2508小时，日照率59%。多年平均年降水量为641.3毫米，多年最小降水量为447.7毫米（1977年），多年最大降水量为1681.7毫米（1959年），年内降水量主要集中在6-8月份，占全年的65%。多年平均年蒸发量1535.52毫米，相对湿度60.5%。平均气温13.5℃，初霜期一般在10月下旬，终霜期一般在翌年4月中旬，平均全年无霜期一般为199.6天，最大冻土深度约为30厘米。全年主导风向为东和南东

东，多年平均风速2.5米/秒。除受纬度和海陆影响外，局部地区还因山体高度、坡度、坡向及沟谷等因素的影响，形成了独特的山地小气候，主要表现在：（1）不同的山坡因坡向和坡度接受的日照和辐射程度不同。（2）气温具有垂直差异性，一般垂直高度每上升100米气温降低0.5℃～0.6℃。（3）降水因山体的坡向、坡度不同而具有一定的差异，向风坡降水量较大。（4）山体对风产生一定的影响：一方面由于山体本身的阻碍作用，改变风向，使得山顶和峡谷风口风速较大；另一方面因山体热力作用常形成山谷风。（5）由于山体阻挡，气流上升，在山顶常形成云雾景观。

青州市水资源比较丰富，境内有大小河流10余条，大中型水库8座，淡

水储量12.3亿立方米，人均占有量为全省人均占有量的2倍。青州市的河流主要有弥河、淄河、北阳河、仁河等，主要的水库有黑虎山水库、钓鱼台水库、仁河水库等。其中，弥河是青州最重要的地表水系，目前已建成了沿河风景带。弥河历史上几经更名，周秦时期称为具水，南北朝时期称为巨

◀ 云门山晨曦
▲ 春夏秋冬

洋水，明清时期称为弥河（弥水）至今。弥河主流发源于沂山天齐湾，自南向北贯穿全境，经寿光，至央子港口，流入渤海湾。

青州市气候湿润，境内兼具平原与山区，栖息环境较好，因而动植物种类较多，野生动植物资源尚比较丰富。仅青州国家地质公园就有木本植物137种，草本植物680种，为山东省植物种类较丰富的地区之一。其中国家Ⅰ、Ⅱ级保护植物5种，列入《濒危野生动植物种国际贸易公约》植物3种，《中国珍稀濒危植物红皮书》中所列植物4种，"山东省稀有濒危植物"26种、山东特有植物7种、中国特有植物8种。根据国家林业局、农业部1999年9月公布的《国家重点保护野生植物名录（第一批）》，有5种属于国家Ⅰ、Ⅱ级重点保护植物，其中：中华结缕草（ *Zoysia sinica* ）、野大豆（ *Glycine soja* ）、紫椴（ *Tilia amurensis* ）3种为国家Ⅱ级重点保护野生植物；银杏、水杉2种为

▲ 仰天山鹅耳枥
▶ 青州红丝砚

国家一级重点保护植物。根据1973年《濒危野生动植物种国际贸易公约》规定，列入《濒危野生动植物种国际贸易公约》的植物有兰科（Orchidaceae）植物3属3种，即无柱兰属（Amitostigma）无柱兰（A.gracile），羊耳蒜属（Liparis）羊耳蒜（L.japonica），绶草属（Spiranthes）绶草（S.sinensis）。依据1987年出版的《中国珍稀濒危保护植物名录》第一册，列入《中国珍稀濒危植物红皮书》植物有4种，分别是刺楸（Kalopanax septemlobus）、蒙古栎（Quercus mongolica）、杜仲（Eucommia ulmoides）、黄芪（Astragalus membranaceus）。根据《山东稀有濒危保护植物》对"山东省稀有濒危保护植物"的建议，保护区内含"建议"中的"稀有濒危保护植物"26种。其中，濒危种11种，稀有种15种。

茂盛的植被资源为野生动物提供了良好的栖息环境，成为我国北方天然的动物园。青州国家地质公园内共记录野生动物13纲、55目、236科、1351种。其中，脊椎动物5纲、30目、74科、331种，无脊椎动物8纲、25目、162科、1020种。国家I级保护野生动物4种，分别是中华秋沙鸭（Mergus squamatus）、金雕（Aquila chrysaetos）、白尾雕（Haliaeetus albicilla）、大鸨（Otis tarda）；国家Ⅱ级保护野生动物35种；山东省重点保护野生动物43种。列于《濒危野生动植物种国际贸易公约》中的保护动物45种。

青州属于暖温带落叶阔叶林区，全市森林覆盖率接近20%。公园内森林覆盖率80%，局部达到90%以上，分别设有省级和国家级森林公园。公园内山木相依，鸟兽添奇；大与小、高与低、动与静的组合，可谓和谐有机、错落有致且神韵十足，使得一草、一木、一石、一洞都成为和谐乐章中的一个跳动的音符，给游人无限的遐想。各类动植物与自然环境和谐共存，组成了一道天然画卷。

青州市矿产主要有铁矿、石灰岩、红粘土、黄砂等，开发前景广阔。已探明的高品位铁矿石储量2亿多吨，石灰岩、红粘土储量大，品质好，是良好的水泥用原材料。弥河黄砂和西南山区的石灰石质量好，储量大，黑色花岗石总储量达500万立方米；青州红丝砚是全国四大名砚之一。

青州市土壤类型有棕壤、褐土、潮土和砂姜黑土四大土类，又可细分为十个亚类，十五个土属，五十七个土种。土壤分布具有明显的垂直地带性。大致为：海拔20～50米，主要为潮土、砂姜黑土和褐土；350～750米为褐土性褐土；750～950米出现棕壤性土、棕壤。棕壤、棕壤性土和褐土性土，主要分布在山丘地荒岭坡，是林业用地的主要土壤。淋溶褐土、褐土、潮褐土，主要分布在山坡梯田、山区沟谷和大部平原地区，是全市最好的土壤类型，除部分为林业用地外，是农业用地的主要地壤类型。褐土化潮土和潮土，主要分布在北部和东部低洼地区高燥部位，也属于较好的土壤类型。潮土和砂姜黑土，主要分布在北部低洼地区。受岩石、水分和植被的影响，园区主要土类为发育于石灰岩上的褐土，其次还有部分棕色森林土(棕壤)。土壤质地为沙壤，结构疏松。园区土层以中、薄层土为主，占总面积的70%。

青州水质良好，土壤肥沃，具有

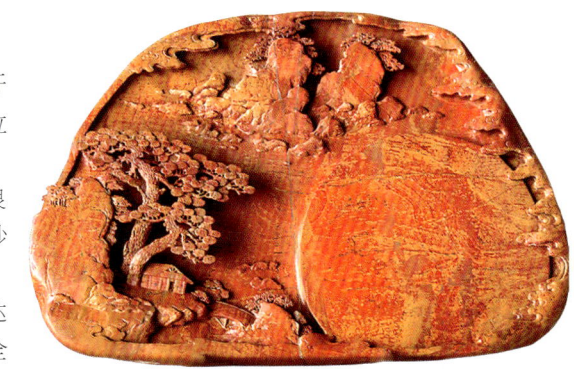

发展花卉苗木生产的良好自然条件,是中国著名的花木之乡。青州花卉种植历史悠久,自古就有养花赏花的传统。"海岱明珠"青州素有"东方花都"之美誉,是第七届中国花卉博览会举办地。花卉产业作为青州六大支柱产业之一,近年来发展极为迅速。初步形成了黄楼花卉片区、城区盆景片区、云门山兰花片区、东高兰花菊花片区、郑母绿化苗木片区五大盆栽花卉生产基地。全市花卉种植面积达11.8万亩,花卉专业村163个,从业人员11万人,年产值超过56亿元。青州已经成为全国最大的盆花生产中心、盆栽集散中心和花木物流中心,蝴蝶兰、观赏凤梨、红掌、草花等品种花卉产销量居全国第一,被命名为"中国花木之乡"、"中国改革开放30年最具影响力花木之乡",被评为山东省"十大产业集群"之一,入选中国产业集群品牌50强。2013年被中国花卉协会授予"中国花木产业示范基地"称号,是全国获此殊荣的两个县市之一。目前,青州市拥有全国唯一一家花卉高新经济区、全国唯一一家省级花卉高科技博览园、全国唯一一家青州(国际)花卉创业园、中华盆景园、全国唯一一家花卉学院。

北方岩溶奇观，
亿年地质史书

重要地质遗迹是人类的宝贵财富，是生态环境的重要组成部分。青州国家地质公园5.3亿年前处于海陆边缘地带，在漫长的地质演化过程中，形成了丰富的地质遗迹。其中，岩溶地质地貌景观遗迹规模之大、种类之全、数量之多，在华北乃至我国北方地区均不多见。青州国家地质公园堪称是一部岩溶地质地貌学的鲜活教材。

青州国家地质公园位于山东省青州市的西南山区，跨云门山街道办事处、王坟镇、庙子镇等三个镇级行政区，地理极值坐标：东经118°12′11.6″~118°28′00.5″，北纬36°24′46.2″~36°39′28.9″，总面积70.7平方千米，是一处以岩溶地貌景观为鲜明特色，涵盖古生物化石、地质剖面、水体景观等多种地质遗迹类型的综合性中型国家地质公园。2009年8月，获得国家地质公园资格，2012年12月，揭碑开园，2013年9月，入选首届中国最美国家地质公园。

青州国家地质公园以云门山、驼山、仰天山、

◀ 花木之乡
◀ 青州市花——仙客来
▼ 炒米店组灰岩

▲ 摩云崮春色
▼ 干旱、半干旱地区形成的宏观岩溶地貌——常态山

卸石山等为主体，分为云驼园区和仰天山—黄花溪园区。云驼园区包括云门山景区、驼山景区，总面积9.54平方千米。仰天山—黄花溪园区包括仰天山、云台山、反个崖、泰和山和黄花溪各景区，总面积61.16平方千米。

中国北方岩溶地质博物馆

青州国家地质公园在地质演化史上，处于海陆边缘地带，几经海陆变迁，在地质内外营力的共同作用下，形成了今天五彩斑斓的岩溶地质地貌景观遗迹。园内集中了常态山、孤峰、峰林、崮形地貌、岩溶洼地、坍塌崖、峡谷地貌、天生桥、石林、石柱、岩溶干谷、盲谷、天坑、落水洞、漏斗、干洞、溶洞等宏观地貌类型和溶盘、溶沟、溶槽等微观地貌类型，记录了华北板块东南缘5.3亿年来的海进海退和沉积旋回。其中，仰天槽岩溶洼地和洞穴系统、黄花溪岩溶峡谷系统、峰林地貌、天生桥等岩溶地貌景观在华北地区比较珍稀,具有重要的科学价值。

常态山是主要的宏观岩溶地貌类型之一,它是在干旱、半干旱气候条件下形成的。公园内山峰连绵,一般有连续的山脊和完整的地表排水网,是典型意义上的常态山。公园园区内峭岩峻峰众多,主要的常态山有三县顶、反个崖、仰天山、云台山等10余座。

崮形地貌俗称"方桌山",是鲁中山区寒武系地层典型地貌形态。公园内崮形地貌比较发育,共有大小崮10余个,有的崮连在一起,景观十分漂亮。

仰天槽位于仰天山山顶,海拔750~840米,面积1.5平方千米,是我国已知面积最大的山顶岩溶洼地。洼地内分布着厚约2米的黄土,其底部集中了大型漏斗56个,落水洞上百个,其密度之大、数量之多在华北岩溶地区是不多见的。

公园的岩溶洞穴及其次化学堆积发育良好,尤其是仰天槽洼地下部发育的灵泽洞,由近百个大型落水洞横向连接而成,其内石笋、石柱、石钟乳、石幔、石幕、石花、石耳等十分发育,绚丽多姿。据初步物探工作显示,灵泽洞垂直向上在不同深度仍分布着规模相当的2个溶洞群,这反映了该区地质历史上的地下潜水位的变迁。

以黄花谷为代表的岩溶峡谷蜿蜒两千多米,常年流水淙淙,沿途潭、

泉、瀑、溪等水体景观交相呼应。"七峰叠翠",一连七座山峰,沿共同的基座一字排开,排列成阵,海拔均在630米以上,是华北岩溶地区少有的峰林地貌,其成因仍待进一步探索。位于泰和山景区的仙人桥是山东省和华北地区规模最大的岩溶天生桥景观。

公园内溶盘极为发育,已发现数十个,呈圆形,底平,半径在10~30厘米不等,盘深浅的不足10厘米,深的可达30厘米,各个园区均有分布。

溶痕和溶沟比较发育,一般深度1~6毫米,宽1~5毫米,长度从几厘米到十几厘米不等,排列密集,其间常有穿孔相通。溶沟比较典型的发育在云门山顶,宽10~25厘米,深约15厘米,长数米。

青州国家地质公园神奇壮美的山水,自然天成的地质景观,悠久灿烂的历史文化,是研究我国北方岩溶地学的天然博物馆,是开展科普教育的理想场所,是观光旅游的生态乐园,是休闲度假的养生天堂,是镶嵌在山

◀ 峰林地貌——七峰叠翠
◀ 泰和山岩溶山谷
◀ 岩溶洼地——仰天槽坍塌
◀ 坍塌崖——佛光崖

东蓝色半岛上璀璨夺目的海岱明珠。

北方地区代表性岩溶洞穴遗迹

公园内发育北方罕见的溶洞（群），共计百余个，多数溶洞中发育石钟乳、石笋、石幔、石柱、鹅管等次生化学堆积物，有的溶洞内还发育地下暗河。其溶洞群数量之多、规模之大，堪称华北之最。据初步统计，云门山景区和仰天山景区内就发育各类溶洞75处，其中35处溶洞中发育石钟乳、石笋等次生化学堆积物。各个溶洞规模不等，发育各异，其地质特征见下表。

青州国家地质公园溶洞发育情况

高程	>700m	600-700m	500-600m	400-500m	300-400m
	8个	15个	22个	16个	12个
长度	>100m	50-100m	30-50m	10-30m	<10m
	8个	5个	14个	30个	18个
发育层位	马家沟组		三山子组		炒米店组
	62个		5个		8个
发育岩性	厚层纯灰岩	燧石结核白云岩	云斑灰岩、微晶灰岩		泥质灰岩
	63个	5个	5个		2个
洞口形状	拱形		圆形	方形	不规则形
	23个		8个	29个	15个

已开发的灵泽洞长1516米，垂直高度117米，洞内石笋、石柱、石钟乳、石幔等洞穴堆积发育，形态各异，琳琅满目。其规模之大、类型之全、保护之完整在华北地区实属罕见。

区内溶洞出露标高一般在300～750米之间，空间位置与岩层产状相吻合，南高北低。大多数溶洞发育于奥陶系马家沟组北庵庄段厚—巨厚层灰岩中，少数发育于寒武系炒米店组灰岩和寒武—奥陶系三山子组白云岩中，均高于区域地下水位，为古溶蚀现象。溶洞的发育，主要是顺构造裂隙溶蚀发育。也有极少量的是沿灰岩与泥灰岩、岩浆岩接触处顺层发育（此种溶洞规模小或以石棚出现）。

园区内溶洞发育于海拔300米以上，总体上相当于鲁中期、唐山期夷平面高度，说明溶洞形成与鲁中期、唐山期新构造运动有关。

▲ 石幕
▲ 石柱
▶ 地下暗河

地质历史

区域地质背景
地质演化史

区域地质背景

青州国家地质公园地处鲁西断隆泰沂隆起的中北部,沂沭断裂带的西侧,区域地层属于华北地层鲁西地层分区的淄博—新泰地层小区,主要出露古生代寒武—奥陶纪的沉积盖层,少量新生代第四纪松散沉积物。本区构造形式较为简单,主要发育脆性构造。

▲ 青州国家地质公园卫星影像图
▶ 青州国家地质公园地质图
▶ 条带状泥灰岩

地层

青州市出露地层以早古生界为最,地层分布集中,总体为北东—南西走向,多数倾向北西、北北西,局部有所变化;新生界第三系地层相对较少,而且分布比较零散,走向基本为近东西向,倾向北。出露的岩石地层划分如下:

新太古代泰山岩群

仅见于云峡河乡代庄村北,岩性单一,为中细粒斜长角闪岩,呈包体状赋存于新太古代东近台岩体英云闪长岩中,厚度小于0.5米。包体大小一般在几个厘米到十几个厘米之间,最大的可达

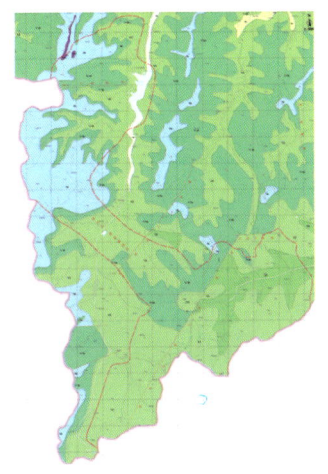
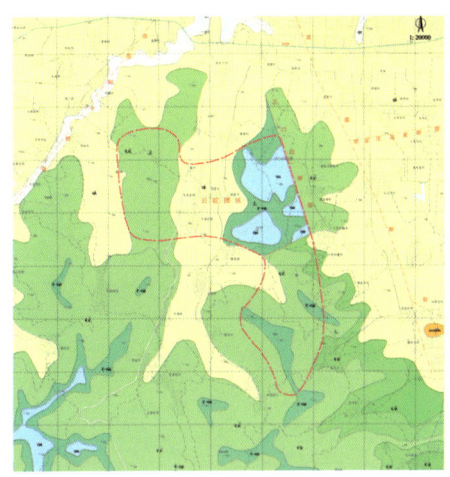

30厘米。岩石经过多期变质作用和变形作用,其变质程度可达角闪岩相,变质矿物组合为斜长石、角闪石、磁铁矿,有的还有石英;变形作用主要表现为在塑性流变条件下形成的片理、片麻理,产状为40°∠72°,浅色粒状矿物发育的线理构造较之片理、片麻理差。

古生界

包括寒武系中上统及奥陶系,自下而上又分为张夏组、崮山组、炒米店组、三山子组和马家沟组。其中三山子组具有穿时性,属于寒武系顶部和奥陶系底部的一套白云岩岩石组合。除马家沟组外,张夏组、崮山组、炒米店组、三山子组属于九龙群。寒武系下统岩性主要有灰岩、钙质页岩、厚层状灰岩、白云质灰岩、泥灰岩等,厚159~1044米。寒武系中统地层岩性主要为鲕状灰岩、砂质灰岩、黄绿色页岩等,厚度300米左右。寒武系上统岩性主要为竹叶状灰岩、页岩、条带状灰岩、巨厚层灰岩,厚84~522米。奥陶系下统岩性为厚层一中厚层的白云质灰岩、薄层条带状灰岩、含燧石结核的白云质灰岩等,厚90~167米。

新生界

（1）新近系

新近系临朐群在本市出露较齐全，但不甚发育，主要分布在郑母镇以东、以南的地区。岩性主要为碱性玄武岩、橄榄玄武岩、砂岩、砂砾岩、页岩、粘土岩、绛紫色砂岩、灰绿色页岩、黑色油页岩夹薄层砂岩等。

区域综合地层表

界	系	统	阶	群	组	段	厚度(m)	岩性描述
新生界	第四系	全新统			沂河组		<10	灰黄色含砾混粒砂、砾石堆积物
					临沂组		<10	灰黄色粘土质粉砂、含砾细砂
		更新统			山前组		<10	棕黄色含砾砂质粘土、粘土质粉砂
古生界	奥陶系	下统	牯牛潭阶		马家沟组	五阳山段	59.06	厚层状微晶灰岩、云斑灰岩、夹少量含燧石结核灰岩及薄层白云岩、云泥岩
						土峪段	44.86	薄-中厚层泥质白云岩、角砾状白云岩及少量白云质灰岩
			大湾阶			北庵庄段	192.38	中厚层微晶灰岩、云斑灰岩夹少量白云岩、泥质白云岩
						东黄山段	34.43	灰黄色薄层白云岩、泥质白云岩、膏溶角砾白云岩
			红花园阶		三山子组		181.24	上部灰黄色中厚层含燧石结核白云岩、中部灰黄色中厚层细晶白云岩、下部绿黄色中薄层细晶白云岩
			两河口阶	九龙群				
	寒武系	上统	凤山阶		炒米店组		294.58	中厚层微晶灰岩、泥质条带灰岩夹藻丘、藻凝块灰岩
			长山阶		崮山组		45.11	藻凝块灰岩、疙瘩状灰岩及竹叶状灰岩夹黄绿色页岩
			崮山阶					
		中统	张夏阶		张夏组		17.80	藻石、藻凝块灰岩

(2)第四系

主要分布在东北部平原地区,以及山间河流两侧、凹地及低山丘陵区。公园所在的区域主要为山前组和临沂组。岩性受堆积类型控制各有不同,残坡积以砂质粘土、碎石、角砾为主,冲洪积以砂、砂砾石、砂质粘土、粘质砂土、粉砂为主。

岩浆岩

本区岩浆岩不甚发育,火山岩主要分布在东北部平原地区,是新生代火山活动的产物;侵入岩仅分布在小十亩田、南门峪和戴家庄一带,时代分别为新生代、中生代和晚太古代。岩石类型依次为辉绿玢岩、辉长辉绿岩和片麻状英云闪长岩,呈小岩株、岩床状产出。

新太古代侵入岩

出露在云峡河乡戴家庄村北冲沟中,冲沟两侧被第四系覆盖。岩性为中粒片麻状英云闪长岩。岩石为灰—灰白色,岩性较均匀,局部暗色矿物(主要是黑云母)有富集的现象,内有伟晶岩脉穿插,伟晶岩脉与侵入体的片麻理呈斜交关系。侵入体中可见新太古界泰山岩群斜长角闪岩

◀ 寒武系中溶痕发育
▼ 摩云崮底部风暴岩沉积

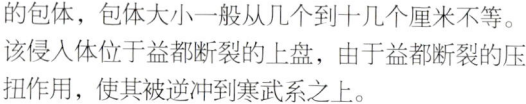

▲ 摩云崮白云岩
▼ 千佛洞断层角砾岩
▶ 三山子组与马家沟组平行不整合界限

的包体，包体大小一般从几个到十几个厘米不等。该侵入体位于益都断裂的上盘，由于益都断裂的压扭作用，使其被逆冲到寒武系之上。

该侵入体形成于新太古界阜平期，属于蒙山岩套东近台岩体，是山东最古老的岩石之一。

中生代侵入岩

出露于庙子镇南门峪，呈岩床状侵入早古生代奥陶系马家沟组石灰岩、白云岩中，地表出露宽度10~30米不等，长约2千米。岩性为辉长辉绿岩，岩石风化后呈黄灰、灰黄带绿的颜色，新鲜面为黑色，可见有灰石晶体，晶体大小1~2毫米。南门峪侵入体形成于中生代燕山期艾山阶段，属于沂南岩套上峪岩体。

新生代侵入岩

见于小十亩田高埠岭，岩性为辉绿玢岩，侵入牛山组橄榄岩中，新鲜面为灰黑—黑色，风化后呈薄板状灰黄色。

构造

本区构造基本上由两个单元组成，以北西方向益都断裂为界，西南为断块隆起区，东北为断块凹陷区。构造形式以断裂构造占主导地位，构造方位以北东向为主，西北向次之。

基地构造

仅见于云峡河戴家庄村北的中粒片麻状英云闪长岩中。英云闪长岩形成于阜平旋回，同位素年龄2668百万年，以强塑性流动变形为主，岩体中残存或捕虏有泰山群斜长角闪岩包体。因受强烈的构造置换和迭加，其构造线基本与围岩一致。岩体在角闪岩相变质和塑性流变条件下形成了北西走向的片理、片麻理。片理、片麻理是基底岩石发育比较广泛的一种透入性面状构造，为片状、柱状物定向排列构造。

断裂构造

西南部隆起区较发育，根据产状可分为北东向、西北向、东西向三组。

1. 北东向断裂

（1）益都断裂：长约21千米，宽十余米到数十米，走向335°，倾向以南东向为主，倾角大于70°，其力学性质为压扭。该断裂是青州古生界与新生界一条重要的分界断裂。断裂带内发育断层泥和小揉皱等。在代家沟村冲沟，太古代TTG花岗岩被逆冲到寒武系之上，表现为压扭性质。填充物为断层泥、构造角砾碎裂岩等。

（2）淄河断裂：长5千米，宽400～1000米，走向15°～18°，倾向以南东向为主，倾角70°～90°，其力学性质为张性—压扭。淄河断裂是一条复式断裂带，主断裂沿淄河河谷分布，由三部分组成：一是张性角砾岩带；二是褐铁矿体；三是压性角砾岩带。主断裂两侧为寒武系—奥陶系地层，北西盘下降，南东盘上升。充填物为破碎状灰岩、白云岩、角砾岩、褐铁矿体、辉绿岩、闪长岩脉等。该断裂浅部表现为褐铁矿化，深部为镜铁矿化，是一条重要的控矿断裂。

（3）五井断裂：长约32千米，宽5～20米，走向40°，倾向以南东向为主，倾角70°～80°，其力学性质为张性—压扭。五井断裂为一条复式断裂，断层面呈舒缓波状，发育断层角砾岩及断层泥和近水平的擦痕，断裂具多期活动之特点，即具张性亦具压扭性，相对而言，南东盘下落，北西盘上升。充填物为张性角砾岩、碎裂状石灰岩、白云岩、少量的褐铁矿和方解石脉。张性角砾岩挤压片状石灰岩。

（4）西店—苏峪寺断裂：长17.5千米，宽约700米，走向40°，倾向不清，倾角60°～80°，其力学性质为张性。该断裂是一条隐伏

断裂，切割古生界地层，被第四系覆盖。北西盘地层相对较新，南东盘地层较老，表现为南东盘上升，北西盘下落。充填物为构造角砾岩。褐铁矿化，镜铁矿化。

（5）凤凰顶—小桃行断裂：长约9千米，宽1～10米，走向30°，倾向300°，倾角50°～70°，其力学性质为压扭。切割古生界寒武—奥陶系地层，北端石道人断裂截断。充填物为碎裂状灰岩、碎裂状白云岩。

（6）黄连—下仁河断裂：长5.3千米，宽1～5米，走向42°，倾向308°，倾角60°，其力学性质为张性。切割古生界寒武—奥陶系地层，平面上呈压紧的封闭形。充填物为碎裂状灰岩、碎裂状白云岩。

2. 北西向断裂

（1）云门山断裂：长3.1千米，宽1～2米，走向340°，倾向不定，倾角70°～90°，其力学性质为压扭。切割古生界地层，产状以倾向南东为主，东盘向西北逆冲，将炒米店组逆冲到马家沟组之上，西盘向南东下滑。充填物为构造角砾岩、碎裂岩、方解石细脉等。

（2）褚裕—胡家宅断裂：长3.5千米，宽3～4米，走向350°，倾向260°，倾角55°～75°，其力学性质为张性—压性。切割古生界地层，西盘下落，东盘上升。先张后压，以张性为主。充填物为角砾岩、角砾状褐铁矿、方解石脉。褐铁矿化、微弱伟晶岩化。

3. 东西向断裂

（1）局子峪断裂：长3.5千米，宽1～2米，走向86°，倾向356°，倾角70°～80°，其力学性质为张性。切割古生界寒武系、奥陶系地层，北盘下降，南盘上升。充填物为构造角砾岩、碎裂岩。

（2）石道人断裂：长2千米，宽2～4米，走向90°，倾向360°，倾角70°～80°，其力学性质为张性。切割古生界炒米店组与三山子组，并截断凤凰顶—小桃行断裂。南盘抬升，北盘下降。充填物为构造角砾岩、碎裂岩。

地质演化史

青州市在地壳演化发展过程中经历了岩浆作用、沉积作用和构造作用，至第三纪末期，区内构造轮廓已基本形成，地壳运动趋于平稳升降，形成了青州基本地质构造格局。在巨厚碳酸盐层沉积的基础上，历经内外力作用，造就了今天丰富多样的地质地貌景观。

太古宙新太古代（28亿～25亿年），主要包括阜平期陆核发展阶段、五台期陆块发展阶段。在地壳处于塑性流变的状态下，大规模的韧性推覆运动使泰山岩群发生部分重熔，沿构造薄弱带上侵，形成蒙山岩套东近台岩体英云闪长岩，并遭受了角闪岩相的区域变质作用，形成透入性的构造面理。在英云闪长岩侵位之后，区域性水平方向的走滑和局部地区的韧性推覆滑脱运动同时发生，在岩体中形成了密集的长英质细脉带及拉伸线理。

到了25亿～6亿年的元古代，仅有小规模的岩浆气呈热液方式活动，持续时间较短。

在距今6亿～4亿年的早古生代，由于鲁西地区地壳下降，海侵由东南向西北方向逐渐推进。张夏期，华北地区海侵最为广泛，而青州恰恰处于华北海侵的边缘地带。沉积环境为台地边缘—浅海

◀ 千佛洞洞口断层
▼ 海相沉积岩层

陆棚—台地边缘礁相带，鲕粒滩发育，形成鲕状灰岩、厚层状灰岩、黄绿色页岩为主的沉积岩系。可能因水下地形复杂，局部形成高能环境。崮山期，海水逐渐向西北方向推进，处于潮间至局限海高能环境，沉积了粘土质页岩、竹叶状灰岩。长山—凤山期，海侵达到空前规模，沉积作用遍及古海域，形成了一套巨厚的碳酸盐岩。两河口—红花园期，处于潮间—潮下高能及开阔海低能环境，形成竹叶状白云岩，条带细晶白云岩，构成了明显的海进沉积旋回。红花园末期，由于受怀远运动的影响，被抬升成陆，遭受短暂的风化剥蚀之后，接受了新的

▼卸石山

海侵，分别由马家沟组东黄山段—北庵庄段、土峪段—五阳山段构成两个明显的海进海退沉积旋回。他们均属于静水沉静环境，表明地壳运动已由强烈振荡阶段转为相对平静的阶段。至中奥陶世早期，由于受加里东运动的影响，鲁西地区基本上生成陆，长期遭受风化剥蚀。由此，本地区也缺失了晚古生界和中生界。

距今6亿～4亿年的中生代时期，燕山运动强烈，受华南板块与华北板块的对接及太平洋板块俯冲的影响，在东西向张力的作用下，淄河断裂、五井断裂以张裂形式开始出现并初具规模。同时，岩浆热液在断裂构造的影响下开始运移富集，在断裂的有利空间贮集成矿，淄河地堑也开始形成。小规模的岩浆入侵也随之发生，沂南岩套上峪岩体沿古生界灰岩层间裂隙侵位。燕山运动晚期，是华南板块和华北板块对接的后期，活动方式开始转换，由原来的引张作用转

换为近东西向的挤压作用。将原来的张性环境下形成的滑脱残片张性角砾挤压而成构造透镜体、压扁的构造角砾岩、挤压片理等，断层面形成断层泥、牵引褶皱，断裂明显表现为压扭、逆冲性质。

距今0.66亿年至今，主要为喜马拉雅运动。受其早期活动的影响，表现为南北向引张，形成了近东西向张性断裂。东西向表现为挤压为主，老断裂重新活动，造成本区西南部隆起，遭受风化剥蚀；东北部下陷接受沉积。同时，喜山期基性岩浆沿断裂活动喷溢出地表，先后形成了牛山组、山旺组和尧山组。之后构造运动极其微弱，至第三纪末期，区内构造轮廓已基本形成，地壳运动趋于平稳升降。

▲ 常态山

人文历史

历史沿革
龙兴寺佛教造像石刻艺术
青州名人

历史沿革

青州位于九州的最东方,按古代五行学说,东方属木,其色为青,故称青州。青州周代属齐,汉晋为青州刺史治所。唐改为青州都督府。北宋为京东路治所。金初设益都府,元代设益都路总管府。明设山东行中书省,青州城成为山东历史上第一个省城。

▼ 战国提梁壶
▶ 东汉"宜子孙"玉璧

青州得名甚早,禹贡中就有记载:"海岱惟青州。"上古为东夷之地。至夏商间,先后为爽鸠氏、季则氏、逢伯陵氏所据。周初封吕尚为齐侯,地始归于齐。历春秋战国之世,均为齐属。西汉武帝元封五年(前106年)设青州刺史部,驻广县。东汉州名,辖郡、国十一,县六十五。治所临淄县,故城址在今山东淄博市临淄北。辖境相当于今山东临南以东的北部地区。西晋怀帝永嘉五年(311年)曹嶷弃广县,筑广固,为青州刺史治。东晋安帝隆安三年(399年)慕容德陷广固,定为南燕国都,这也是山东唯一一个作为朝代首都的地方。后刘裕灭南燕,夷广固,筑东阳城,置北青州刺史治于此。

北魏献文帝皇兴三年(469年)拔东阳城,仍为青州刺史治。孝明帝熙平二年(517年)增筑东阳城南郭,即南阳城。北齐文宣帝天保七年(557年)迁益都县治于东阳城,移青州府治于南阳城。隋为青州总管府治,后改为北海郡治。唐初复为青州总管府治,后又改为北海郡治。宋为京东东路路治。金为山东东路益都总管府治。元为山东东西道宣慰司治。明清时期,为青州府治。民国时期为益都县。中华人民共和国成立后归昌潍地区(今潍坊市)管辖,1986年撤县改为青州市。

今市内有文献可考的古城有四,即广县城、广固城、东阳城、南阳城。广县城在今益都镇西南隅瀑水涧(石子涧)西侧。城当筑于设广县时。《汉书》有广县,为侯国。汉高帝六年(前201年),封功臣召欧为广侯。广县城至晚建于西汉初年。

晋永嘉五年(311年)前赵刘聪派曹疑为青州刺史,初治临淄,因城大地平,难守,在尧王山东南,今益都镇西,另筑广固城,移青州来治。"以有大涧甚广,因以为固,故名广固城"。《晋书》称广固城"山川险峻,足为帝王之都"。

晋义熙六年(410年)晋将刘裕灭南燕,平广固城,留羊穆之为青州刺史,在南阳水之阳,另筑州城,称东阳城。今北关一带仍存镇清门(俗名马驿门)。咸丰《青州府志》称东阳城"控带阎冲,巷陌歧出,千军之伏,出奇制胜"。

北魏孝明帝时(516-528年)在东阳城南扩建南郭,后称南阳城;北宋末,东阳城毁于战火,金初,府、县移治南阳城。南阳城原为土城,朗洪武初,"瓷以瓷石,增崇数尺",使城墙高达三丈五尺,壕阔三丈五尺,深一丈五尺,周十三余里。有四门,东门名海晏(旧名海岱),南门名阜财(旧名云门),西门名岱宗(旧名泰山),北门名瞻辰(旧名凌霜)。咸丰《青州府志》称南阳城"倚山俯涧,基址壮阔,雉堞排密。积谷屯兵,可容十万"。

青州市境内古城自西晋末年至清代末年为山东中部的政治中心。

《水经注》说广县城是"旧青州刺史治,亦曰青州城"。西汉刺史没有固定治所,东汉及三国魏皆治临淄。但"土人目为古青州"。广固城、东阳城、南阳城、历代为州、郡、府的治所。

青州城从古至今,曾有过一段"三迁四城"的历史。不过在汉朝以前青州仅仅是一个笼统的地域概念，并不是行政区域。到了西汉初年，西汉王朝在这里设置了广县，地址就在现城区西南1千米处，即瀑水涧与南阳河之间区域。汉武帝元封五年（前106年），把全国划分为13个刺史部，青州刺史部驻在广县城。所以，广县城是青州历史上的第一个青州城。

西晋末年，军阀混战，广县城遭到严重破坏。当时的青州刺史曹嶷看到临淄城池太大，四周平旷，无险可守，而广县城又太小，不便屯兵，于晋怀帝永嘉五年（311年），在广县城的西北处（尧王山以东、北阳河以西），依山傍水，另筑新城，取名广固城。把青州、齐郡、临淄县三级政府都迁进城里，广县也并入临淄县。这是历史上第二个青州城。晋代不再称青州刺史部，而是直呼青州。青州辖区较汉代又向南面有所扩展，今胶南、五莲、日照、莒南等地，亦属青州。

北魏设青州刺史，治所在东阳城内。北魏将过去的青州一分为四。今济南、淄博一带，称"齐州"，今平度、蓬莱、烟台、威海、荣成、青岛一带，称"光州"，今沂源、蒙阴、日照、莒南一带称"南青州"，今高青、胶州、潍坊一带，仍称"青州"。

南北朝时期，青州佛教盛行。此后，佛教文化在此发展并经久不衰。

隋代设青州总管府，其辖区比南北朝又有扩展，向东跨过胶莱河至整个胶东半岛。领齐郡、北海郡、高密郡、东莱郡。青州总管府治所，仍驻青州东阳城。

唐代行政建制，变化较大。西至禹城，向南扩大到枣庄、苍山。虽仍设青州总管府（又名都督府），却撤郡设州，北海郡恢复为青州，高密郡易名为密州，并将原齐郡（今济南一带），分为登州、莱州。青州总管府，除领管上述各州，辖区又扩至沂州（今枣庄、临沂一带）。总管府治所，仍驻青州城。

北宋初年，将唐代的"青州总管府"之名，易为"京东路"，辖区大有扩展，治所仍驻青州城。后来改为"京东东路"。

北宋时期，青州社会生产及文化艺术迅猛发展。寇准、富弼、范仲淹、欧阳修都曾于青州任职，杰出女词人李清照在青州定居14年之久。

元朝设益都路总管府。东、西、南三面疆域均有缩小，但仍统领八州十五县，治所仍居青州。

元朝时期的青州物产丰饶，交通

便利，因而于山东腹地的政治、经济、文化中心地位，进一步获得提升与巩固。

明代将益都路总管府，易为青州府，疆域稍有变化。又在青州府之上，设山东行中书省。明初时，其治所与山东度指挥使司，同驻青州。洪武九年（1376年），山东行中书省，改为山东布政史司和提刑按察使司，实行行政与司法分离，并移居历城。同时于青州设布政分司，治所在今青州二中。明代是继北宋之后，青州历史上又一辉煌之时。

清朝确立山东省。青州府建制，仍与明时相同。惟地域有所缩小，南部的今沂源、蒙阴、五莲、日照一带，划归沂州府。清初时，山东提督驻青州府，康熙四年（1665年）移驻济南府。

民国时期，撤销青州府，改称益都县，直属山东省辖。

中华人民共和国成立后，仍称益都县。1986年，经国务院批准改称青州市，隶属于潍坊市。

◀ 元白釉划花罐
▲ 明衡王府石牌坊
▲ 明甪端

中国国家地质公园丛书

龙兴寺佛教造像石刻艺术

青州石刻艺术由来已久，源远流长。从大型的摩崖造像到宏篇巨幅的题记碑刻，无不彰显出历代能工巧匠的妙思智慧与高超技艺。其中尤以龙兴寺出土石刻佛教造像为代表，曾轰动海内外，令世界瞩目，被评为1996年全国十大考古新发现之一、中国20世纪百项考古大发现之一。

▼ 北齐贴金彩绘石雕菩萨立像
▶ 龙兴寺佛教造像

龙兴寺始建于北魏时期，是一处延续千余年的著名佛教寺院。窖藏坑位于寺院遗址的最北部，南北长8.7米、东西宽6.8米，坑内有规律地埋藏有北魏、东魏、北齐至隋、唐、北宋时期的石灰石、汉白玉、花岗岩、陶、铁、木及泥塑等各类佛教造像400余尊。有佛、菩萨、弟子、罗汉、飞天、供养人等多种题材，年代上迄北魏，下至唐宋，形制各异，姿态不同。或庄严、或慈悲、或欣喜、或沉静、或含笑、或蹙眉、或冥思、或郁虑神态不一，难以尽述。其中最大的高320厘米，最小的仅高20厘米。造像雕刻技巧高超，包括浮雕、镂雕、线刻、贴金、彩绘等多种技法。龙兴寺佛教造像窖藏是迄今中国发现的数量最多的窖藏佛教造像群。

该批造像的形制风格以北魏时代的背屏式佛三尊与北齐的单体佛陀、菩萨像为代表。前者突出了佛、菩萨的主、胁侍的关系。佛陀慈悲普渡众生，需要有宣扬佛法的众菩提的支持与卫护，如此才能起到普及万方、教化民众、乐道向善的作用。有一高度为3.1米的背屏式佛三尊造像，表现的就是佛陀、菩萨率天人捧宝塔，奏仙乐，驾祥云自婆娑世界驾临人间世的场景。该主尊佛螺发高髻，神情微笑，慈悲中透出庄严；广袤衣、宽博带，大气磅礴，无所畏惧。胁侍菩萨脚踏莲荷，温婉含蓄，缯巾柔曼，天衣轻垂，怡然弯曲的身姿使人顿生平静法喜之心。而单体圆雕造像多有与人身高度相等

者，其镌刻之细腻，刀法之娴熟，表现之真实，用功之纯净已臻化境。

　　自佛教从遥远的印度传入中国后，中国人开始了制造佛像的历史。中国早期的佛教造像制作先后受到中亚和印度的影响。青州佛教造像中年代最早的是北魏晚期的作品，数量不多，其中绝大多数是带有背屏的造像，佛像大多身材单薄、肩部低垂，是典型的汉人的体态。佛像面部的颧骨微微突出，这是中国传统文化中智者的形象，这样的造像风格被称为秀骨清像。不仅如此，从印度远道而来的佛只是到了中国后才穿起宽衣大袖褒衣博带的长衫。佛像上的汉化风格是当时北方草原民族建立的王朝普遍汉化倾向的一个缩影。

　　战乱与分裂没有阻断南北朝时期文化的交流，控制北方政权的草原民族开始向南方王朝的汉族文化学习，大规模的汉化运动在北魏孝文帝时期最为活跃。青州自古就地处南北交通的要道，历史上一度从属南朝，南北文化长期在这里交汇，在佛教造像上自然响应并且主导了造像的汉化风格。接近汉人的体态和中国传统样式的长衫，这种潇洒清秀的风格一直延续到公元6世纪上半叶的东魏时期。但当我们把目光投向公元6世纪中期以后北齐时期的佛教造像时，第一个强烈的感觉就是，秀骨清像的造像特征完全被新的造像风格所取代。背屏式的浮雕造像几乎消失，而单体的圆雕造像，面部大多丰满圆润，和北魏造像厚重的服饰风格相比，北齐造像表现出了完全不同的审美情趣。所有造像的服饰都轻薄贴体，显露出健康优美的身段，早期从印度传入的艺术风格再次成为主流。

在青州地区出土的北齐时代的石刻拓片上，可以清晰地看出，当时胡人已经广泛地进入青州进行经济和文化活动，与异域的交流也体现在同时期的佛教造像上。一些造像身上用浅浮雕或者彩绘的形式，清晰地勾画出了胡人的形象。另一些佛像，或是采用凸棱的方式刻出衣纹，好像打湿的衣衫紧贴身体，或是身上没有任何皱褶，肌肤的轮廓充分显现着人体的优美，在北方中原一带的同期作品中，这种造像的样式极为罕见，他们很可能就是史书文献中记载过的"曹衣出水"的样式。

龙兴寺造像风格，既有北方敦厚、素朴、豪放的人文特质，又兼有南方地理环境所构成的清秀、细致、温婉的审美气象；曹衣出水的稠叠重褶，吴带当风的衣袂飞飘于斯可见；拓跋解卑的清健瘦骨，高齐时尚的圆浑方颐，占尽六法。可以说龙兴寺佛教造像风格融南北风格于一体，具东西交汇在一方，四美并具，已趋达中和之象。

龙兴寺佛教造像窖藏的发现，为研究中国佛教美术史提供了极为重要的实物资料。青州龙兴寺窖藏佛教造像的发掘是近年来中国最重要的发现之一，它代表了自北魏至宋元时期中国佛教艺术的杰出成就，为研究佛教在我国的传播及雕塑、绘画艺术的发展提供了珍贵资料。

QINGZHOU 青州

青州名人

青州自古以来名人辈出，既有为人民所敬仰的文官武将，还有成就卓著的科学家、文学家。王曾、燕萧、贾思勰、陈梦鹤、赵秉忠、李文藻等均为青州籍，寇准、范仲淹、富弼、欧阳修先后知青州，著名女词人李清照、赵明诚夫妇在青州居住十余年。蒲松龄更是与青州结下了不解之缘，到处留下了他的足迹。

◀ 贴金彩绘石雕佛菩萨三尊像
◀ 北魏贴金彩绘佛立像
▼ 贾思勰像
▼ 农学巨著《齐民要术》

贾思勰

贾思勰，北魏时期的青州益都人，当时的益都县，县治在今寿光市境内，辖区包括今青州市的东北部。史书中并无贾思勰的传记，使他名垂千古的是科学巨著《齐民要术》。

从《齐民要术》中我们得知，贾思勰是出身于士族家庭的知识分子，也做过官，曾任北魏的青州高阳郡（今临淄北）太守，还去过河北、河南、山西等地，后来回乡亲自经营农牧业生产，并潜心撰写《齐民要术》一书。

《齐民要术》的内容极其丰富，共10卷，92篇，11万余字。它集西周至北魏农业、畜牧业和手

工业的知识、技术和经验之大成，分别记载了谷物、蔬菜、果树、林木、特种植物的栽培方法，介绍了浸种、育种、施肥、浇灌、防病防虫等方面技术，传播了家禽、家畜、养鱼、养蚕等的饲养经验，从农副产品的加工到油盐酱醋的酿造，到生活日用品的生产，凡与人民日常生活有关的事情，都作以详备的记述。可以毫不夸张地说，这是一部中国古代农林牧副渔各方面知识的百科全书。

《齐民要术》诞生在青州，不是偶然的。青州土地肥沃，气候适宜，四季分明，雨量集中在夏季，湿热同步，非常适合农耕生产。这里长期是山东的政治中心，交通便利，人口密集，贸易发达，重视农桑，加之青州文化具有极大的包容性和开放性。贾思勰的一生，主要活动在青州、寿光、临淄一带，对当地的气候、土壤、作物、种植方式以及风俗民情非常熟悉。可以说，古青州的沃土培育出了《齐民要术》这朵绚丽的花朵。

《齐民要术》不仅有很高的科学价值，而且具有很强的思想性。贾思勰论述了农业生产的重要性，指出只有农业发达，百姓才能丰衣足食，国家才能富强安定，教化才能顺利实施。他还尖锐地批评了那些轻视生产劳动的人，犹如"鲍鱼之肆，不自以气为臭"。像贾思勰这样的士族知识分子，在"万般皆下品，惟有读书高"的社会环境下，不在官场上攀附，却愿意花费毕生精力，总结劳动人民的生产经验，研究与人民群众生活息息相关的农业科学知识，这是难得可贵的。

《齐民要术》的巨大价值在于：它使我国的农业科学第一次形成系统的理论，并对后世产生了恒久而深远的影响。

欧阳修

欧阳修（1007-1072年），字永叔，自号醉翁，晚年更号六一居士，谥号文忠，世称欧阳文忠公，吉安永丰（今属江西）人，汉族人。北宋时期著名的政治家、文学家、史学家和诗人，与柳宗元、韩愈、王安石、曾巩、苏轼、苏洵、苏辙并称"唐宋八大家"。宋仁宗时，累擢知制诰、翰林学士；宋英宗时，官至枢密副使、参知政事；宋神宗时，迁兵部尚书，以太子少师致仕。卒谥文忠。他在政治和文学方面都主张革新，既是范仲淹庆历新政的支持者，也是北宋诗文革新运动的领导者。曾与宋祁合修《新唐书》，并独撰《新五代史》。又喜收集金石文字，编为《集古录》。有《欧阳文忠公文集》、诗歌《踏莎行》。苏轼父子及曾巩、王安石皆出其门下。

宋神宗熙宁元年（1068年），六十二岁的兵部尚书欧阳修，左迁青州知府。知青州三年，他力抗劳民伤财的"青苗法"，对百姓实施"宽简而不扰"的执政方针，民得其便。熙宁二年（1069年）麦收时节，青州大雨滂沱，水涝成灾。欧阳修上奏朝廷，免除青州农民的一切赋税，并给予赈济。青州基本上是一个山城，城的西南郊区有云门山、驼山、玲珑山,世人评之为"三山联翠,障城如画"。所以,欧阳修得以畅游名山圣水,高朋满座,与民同乐。诗曰:醉翁到处不曾醒,问向青州怎么生?公退留宾夸酒美,睡余倚枕看山横。

冯溥

冯溥(1609-1692年),字孔博,又字易斋,益都(今青州)人。清顺治三年(1646年)进士。历任庶吉士、编修、宏文院侍讲学士、吏部右侍郎、刑部尚书等职。康熙十年(1671年)授文华殿大学士。他在朝期间,康熙皇帝幼年登基,鳌拜等辅政四大臣专擅朝政,骄横跋扈,任意诛戮大臣,"中外莫敢撄其锋",惟他"持正不阿",并屡陈富国安民之策,一时"倚以为重"。康熙五年(1666年),辅政四大臣欲往每省派遣大臣两人,另设官署,监察督抚。他上疏反对,指出:国家既设督抚,任以重臣,今又不信任,再派两大臣前往监视,实无必要。再者另建官衙,必将劳民伤财。皇帝看过他的奏章,此事遂止。康熙六年(1667年),他升任左都御史后,向皇帝提出很多治国安民建议。

他主张选官授职,不应仅按资历,而应重视对其真才实学的考察。为使百姓安居乐业,他上疏建议,要省刑、薄税。他指出,省刑,并非对罪犯姑容宽恕,而是不要株连无辜和无限拖延结案时间。薄税,并非免去应交的赋税,而是把每年征收赋税时间延至夏秋之后。因百姓收入,不过取之农业。如今正月开始征收课税,去年欠税刚交清,今年庄稼尚未种,哪有钱粮交纳。根据他的建议,康熙帝命刑、户二部做出改进决定。

他精于诗章,在京做官期间,得元人万柳园地一处,在里面种植柳树,取名"万柳堂"。闲暇之日,召集文人名士,在此吟诗作赋。告老还乡之后,在居地之南辟建园林,"筑假山,树奇石,环以竹树",名曰"偶园",优游著述其中

▲ 欧阳修像

达10年之久。有《佳山堂集》十卷、《四库总目》传世。其三子冯协一，曾任台湾府知府，政绩斐然。他于康熙二十一年（1682年）年老告归，加太子太傅。年83岁卒，谥"文毅"。

王曾

王曾（978-1038年），青州益都（今山东益都）人，字孝先。宋真宗咸平五年（1002年）壬寅科状元。王曾少年孤苦，善为文辞，曾咏梅花诗："未须料理和羹事，且向百花头上开。"又言："平生志不在温饱。"咸平年间（998-1003年）取解试、省试、殿试皆第一，成为科举史上连中"三元"的状元。科举制度推行1300多年中，联捷三元者仅见17人。后以监丞升山东济宁州通判；因政绩突出而得到皇上的赏识，被擢为秘书省著作郎、直史馆、三司户判官。

宋景泰年间，王曾升为右正言，奉诏负责制诰，起草诏令，同时兼任史馆修撰。累迁至尚书主客郎中，知审官院使，通使银台司、右谏议大夫等职。宋大中祥符九年（1016年）正月，升任参知政事即副相。翌年，王曾因与贺皇后为家住宅之事发生争执，被免去参知政事即副相之职。真宗病重后，王曾主张由皇后听政。这时，奸相王钦若结党营私，排斥异己，王曾被视为眼中钉，被除为礼部侍郎。天禧元年（1017年）王钦若、丁谓不时奏罢王曾，让他出知应天府。不久，王曾调往天雄军，旋即复任吏部侍郎、参知政事。仁宗即位后，章献刘太后听政，宋乾兴元年（1022年）拜王曾为宰相，朝廷倚以为重，王钦若、丁谓终于败在王曾的手下。位居参知政事的王曾办事果敢，为人端厚，正直大臣都很信赖他。刘太后见状，遂擢王曾为中书侍郎、同中书门下平章事、集贤殿大学士、会灵观使。不久，兼户部尚书、昭文馆大学士、玉照应宫使。但后因几件事不肯与刘太后通融，惹得刘太后很不高兴。当初是他坚持刘太后只能摄政，不能专权，刘太后因此对王曾极为不满。宋天圣七年

▶ 富弼像

(1029年)六月宋真宗兴建的玉清昭应宫,因遭雷击起火,被化为灰烬。刘太后借故罢了王曾的相职,让他出任青州知州、天雄军、河南府地方官,颇有政绩,百姓为他画像立祠。明道二年(1033年),刘太后寿终正寝,仁宗亲政,王曾才被召回朝廷任枢密使、同中书门下平章事、宋判河南府。景祐二年(1035年)王曾再次拜相,任命他为最高军事机构长官枢密使。封为沂国公。其时王曾为相,进退人士都不让外人知道。名相范仲淹对王曾说:公开地任用贤人名士是宰相的职责,您德高望重,惟缺这一点。王曾答道:作为执政大臣,把恩赏全揽到自己身上,那怨恨归谁呢?范仲淹叹服,时人称他为贤相。后因与专权的宰相吕夷之间屡起纷争,宋景祐四年两人同时被罢相。其后。王曾又以左仆射、资政殿大学士的身份任郓州通判。宝元元年(1038年)王曾去世,时年61岁,赐谥号为"文正"。 去世十余年后,宋仁宗亲篆其碑曰"旌贤之碑",又改其乡曰"旌贤乡",大臣赐碑篆,自王曾开始。王曾著有《王文正公笔录》。

富弼

富弼(1004-1083年),字彦国,洛阳(今河南洛阳东)人。天圣八年(1030年)以秀才异等科及第,历知县、签书河阳(今河南孟县南)节度判官厅公事、通判绛州(今山西新绛)、郓州(今山东东平),召为开封府推官、知谏院。夏景宗李元昊寇鄜延,大将刘平战死,黄德和诬其降敌。富弼参与审理此案,昭雪刘平之冤。庆历二年(1042年)为知制诰。辽重兵压境,遣使求关南地,富弼奉命出使辽朝,拒绝割地要求,以增加岁币而还。庆历三年,任枢密副使,上当世之务十余条及安边十三策,大略以进贤退不肖、止侥幸、除积弊为本。与范仲淹等共同推行庆历新政。不久被排挤,出知郓州、青州(今山东青州)。时河北大水,流民南至京东。富弼动员所辖地方出粟救灾;山林河泊之利,任流民取以为生;募数万饥民为兵。至和二年(1055年),与文彦博同时被任为宰相。嘉祐六年(1061年),以母丧罢相。英宗即位,召为枢密使,因足疾解职,进封郑国公。熙宁元年(1068年)入觐,宋神宗赵顼问边事,以"愿二十年口不言兵"为对。熙宁二年,以左仆射、门下侍郎拜同平章事,竭力反对王安石变法,称疾求退,出判亳州(今安徽亳州)。青苗法出,他拒不执行。后退居洛阳,仍继续请求废止新法。元丰六年(1083年)病死,年

八十。有奏议、安边策、文集等,今存《富郑公集》一卷。《宋史》卷三一三有传。

范仲淹

范仲淹(989-1052年),吴县(今属江苏)人,字希文。和包拯同朝,为北宋名臣、政治家、文学家。少年时家贫但好学,当秀才时就常以天下为己任,有敢言之名。曾多次上书批评当时的宰相,因而三次被贬。宋仁宗时官至参知政事,相当于副宰相。元昊反,以龙图阁直学士与夏竦经略陕西,号令严明,夏人不敢犯,羌人称为龙图老子,夏人称为小范老子。宋仁宗庆历三年(1043年)范仲淹对当时的朝政的弊病极为痛心,

提出"十事疏",主张建立严密的仕官制度,注意农桑,整顿武备,推行法制,减轻徭役。宋仁宗采纳他的建议,陆续推行,史称"庆历新政"。可惜不久因为保守派的反对而不能实现,因而被贬至陕西四路宣抚使,后来在赴颍州途中病死,卒谥文正。有《范文正公文集》传世。

李清照

李清照(1084-1155年),山东济南人,号易安居士,南宋杰出女文学家。历史上与济南历城人辛弃疾并称"济南二安"。李清照早年生活优裕,工书能文,通晓音律。婚后与赵明诚共同致力于书画金石的整理,编写了《金石录》。中原沦陷后,与丈

夫南流，过着颠沛流离、凄凉愁苦的生活。赵明诚病死，李清照境遇孤苦，曾居住青州长达14年之久。

李清照在中国文学史上享有崇高声誉，"文有李清照，武有秦良玉。"早年生活安定、优裕，词作多写相思之情；金兵入侵后，遭遇国家巨变，词作多感慨身世飘零。她的诗文感时咏史，与词风迥异。她还擅长书画，兼通音律。现存诗文及词为后人所辑，有《漱玉词》等。

◀ 范仲淹像
◀ 李清照像
▼ 赵秉忠像和赵秉忠殿试卷

赵秉忠

赵秉忠（1573-1626年），字季卿，号其阳，明青州府益都县（今山东省青州市）人，出身官宦之家，父亲赵僖官至礼部右侍郎。15岁补府学生，24岁中举人，明万历二十六年（1589年）25岁参加殿试，一举考取第一甲第一名，高中状元，官至礼部尚书，后因秉性刚直，被削职还乡。

人们现在看到的状元卷，是赵秉忠的第13代孙赵焕彬先生于1983年捐献给国家的，属国家一级文物。据史书记载，中国的科举制度时间长达近1300年，有据可考的文武状元770余人，但能让后人目睹状元答卷其风采的，唯有赵秉忠这一份。作为国家的重要机密，这份卷子是怎样从宫廷传到民间的？这恐怕是一个永远的不解之谜。

李文藻

李文藻（约1726-1774年），字茞畹，又字素伯，号南涧远子，清代金石学家，益都（今青州）人。乾隆二十六年（1761年）进士，官至桂林府同知。善诗文，喜藏书，名动京师，深受著名学者钱大昕赏识。

他天资聪慧，博览群书。12岁即模仿苏轼《赤壁赋》撰文，15岁写诗已颇有思致。乾隆二十六年（1761年）举进士，他考进士的试卷，读卷官交口称赞。乾隆三十四年（1769年）起，他先后任广东恩平、新安、潮阳知县，后升广西桂林府同知。居官以清白强干、体恤民情著称，在任期间，境内秩序井然。

他嗜书如命。进京谒选时，几乎天天逛书市，每遇好书，就是典衣借贷也要买下。还从朋友处借书来抄。日积月累，藏书达数万卷，每卷都亲手校勘。《海岱会集》他久访不得，偶然听说一刘姓书商有写本，但不外借。他以皮袍赠送，得到许可，呵冻抄写30多天，将书抄完。

他对金石刻搜罗尤富。凡经过学宫、寺观、岩洞、崖壁，必停留仔细观察，一发现碑刻题石，就让随从拓印。一次，他奉命出迎总督，中途在南海庙中小憩，发现有许多碑刻，爱不忍释，便秉烛拓印，竟夜不止。到天明一问，总督的船早已驶过多时。

李文藻胸藏万卷，湛思著述，写诗作文，皆出自经历见闻，有独到见解。他撰写的《琉璃厂书肆记》为学者称道。

▲ 李文藻像

游览青州

云驼园区
仰天山—黄花溪园区
地质博物馆
优秀旅游城市

云驼园区

云驼园区位于青州市西南4.5千米处,面积9.54平方千米,包括云门山景区和驼山景区。云门山,平原拔笏,松荫盖足,山虽不高而有千仞之势,自古为鲁中名山;驼山与云门山东西相望,因山形似驼,故称"驼山"。园区内地质遗迹景观类型主要包括常态山、象形峰、干洞、岩溶泉、溶沟、典型地质剖面等地质遗迹以及历史文化遗迹、道教遗迹。

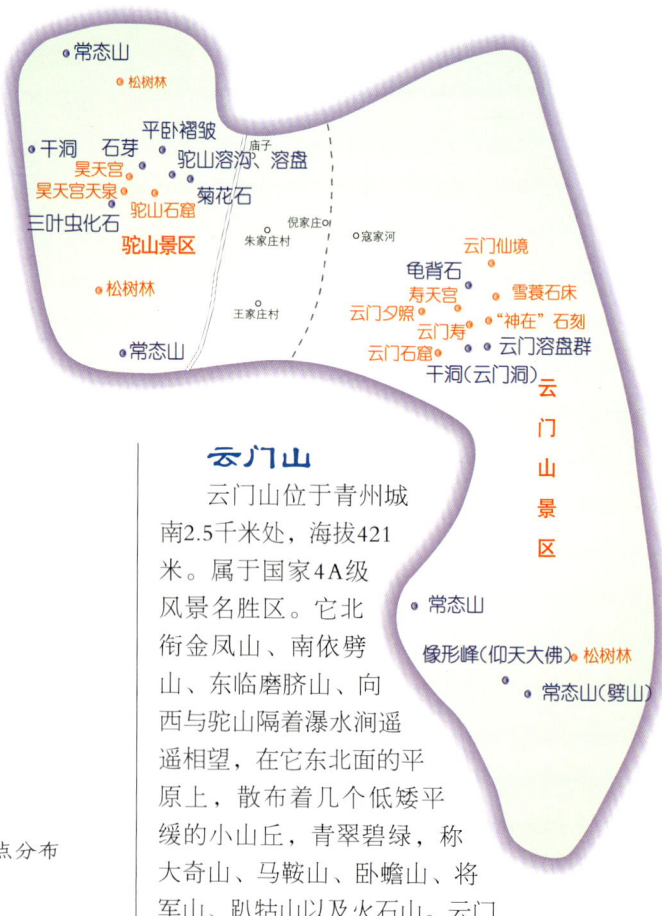

▲ 云驼园区景点分布
▶ 云门山
▶ 云门洞

云门山

云门山位于青州城南2.5千米处,海拔421米。属于国家4A级风景名胜区。它北衔金凤山、南依劈山、东临磨脐山、向西与驼山隔着瀑水涧遥遥相望,在它东北面的平原上,散布着几个低矮平缓的小山丘,青翠碧绿,称大奇山、马鞍山、卧蟾山、将军山、趴牯山以及火石山。云门

QINGZHOU 青州

山身姿美丽、俊俏,地理环境独具风貌。在夏秋季节,云门山南侧的"云窟"开闸放云,即时白云腾空而出,经云门洞冉冉升天,云门山因此得名。置身山巅,望云海时隐时现,云门仙境,名不虚传;天气晴朗时,绿地伴青山,层山叠峦,北国风光更使您陶醉,令您流连忘返。云门山早在隋、唐、宋时期就深受佛、道两家的青睐。山上有隋、唐石窟造像五处,石佛二百七十二尊,历代文人墨客、善男信女的题刻、碑碣,遍布云门山摩崖。

云门山为国家级风景名胜区,是青州的象征。云门山主峰大云顶上有一个南北相通的圆型大石洞,夏秋时节云雾常穿洞而过,山顶建筑好像被托于云雾之上,若隐若现,有如仙境。云门山正是由此而得名。

云门洞

云门洞是云门山上最大的水平干洞,发育在马家沟组灰岩中,近南北

向,高近4米,最大宽度约5米,长近9米,远望似一轮明镜高悬。洞顶及两侧分布有大量的石窟及石刻。

云门落水洞

云门洞阳坡西侧,有一天然罅隙,口如井状,深不可测,夏秋季节,常有云雾泛出,名曰"云窟",经它造云,由云门升天。"云窟"、"云门"相互呼应,旧传隋朝的北海人李清曾入窟学道。明朝冯梦龙所著《醒世恒言》一书中的《地道人独步云门》对此有记载。

龟背石

位于云门山上山的山腰道路上,是灰岩表面差异风化形成的,看上去像是乌龟背壳的图案,因而称作"龟背石"。

云门溶盘群

位于云门山顶,奥陶系马家沟组中薄层灰岩中发育溶盘和溶沟。系灰岩表层少凹处有腐殖土,腐殖土所产生的生物二氧化碳及有机酸不断向下和四周溶蚀,经过漫长的岁月,形成了现在底平、四周光滑的圆盘状的溶盘。

仰天大佛

属于象形的常态山,由9座灰岩山峰组成。据考证,仰天大佛是在山体

自然风化剥蚀形成雏形的基础上于北齐年间经人雕凿而成。整个佛面相长达2500米，堪称中华奇观。有专家评价说"仰天大佛是在人面山体景观的基础上经过休整而形成的珍贵遗存，充分体现了自然造化与人类智慧的完美结合"。

◀ 龟背石
◀ 云门寿
▲ 仰天大佛
▼ 云门溶盘群

云门寿

明嘉靖年间刻于云门山摩崖（奥陶系马家沟组中厚层状灰岩）之上，高7.5米，宽3.7米，为全国之最。仅"寿"字的"寸"即高2.3米，故有"人无寸高"之戏语。寿字为明朝嘉靖三十九年（1560年）九月初九，衡王府内掌司冀阳周全所献书，寓意着"寿比南山"的含义。距今已有447年的历史。

雪蓑石床

位于云门山山腰处，发育在奥陶系马家沟组中厚层状灰岩水平层理上，明朝文人雪蓑在此夜卧，并刻字于石壁上。相传，有一次雪蓑酒后登临云门山，走到此处后躺在这块岩石上睡着了，到了晚上山上忽然下起了大雨，大雨顺着岩石流淌下来，淋湿了雪蓑的半边身子，他一时兴起，写下了"蓑老卧豆岩"的题记。后来，雪蓑和友

▲ 雪蓑石床
▼ 云门石窟造像群
▶ 云门石窟造像（文革中被破坏）

人来到此处，他人不解，问其含义，雪蓑笑而不答，指指自己的脑袋。友人恍然大悟："头"的半边淋湿了，去掉"页"字，就剩下"豆"字了。

云门石窟

形成于隋唐时代，大小石窟5个，造像272尊，开凿于形成于5亿年前的中厚层灰岩中。这些造像，虽经历1000余年的沧桑，风雨侵蚀，战火洗

劫，但大部分还基本完好，现已成为研究古代佛教艺术和当时造型艺术极为珍贵的实物资料，它是我国东部现存石窟艺术中的一朵奇葩。云门洞上方的三窟石窟造像风格相同，都为一佛、二僧、二菩萨、二天王或二力士像。最西边的窟中供的是释迦牟尼像，两边有身着甲，手执叉、脚踏魔鬼的天王像，与龙门、莫高窟等石窟群中所雕的唐天王像，各地唐墓中出土的天王俑完全相同。中间一窟所供的主佛也是释迦牟尼像，左右两边分别有二僧、二菩萨像和上身袒露、肌肉隆起、下着裙、赤脚的唐代力士像，头上的冠虽然看不清楚，但双鸟尾却清晰可见，这些力士像不仅是当时一般武士的形象，而且反映出唐代力士像的特征。最东边的石窟内有唐开元十九年（731年），益都县令唐照明的"云门山功德录"刻字，由此可知这一窟的开凿年代，这三窟的造像题材布置和作风相同，从而也就知道了前两窟开凿的时间也在开元前后。这一窟中还有一种特别的造像，佛坐下有益都县令唐照明和夫人韦氏的像，称为"供养人像"。即有钱人出钱作功德，把自己或亲人的像在石壁上刻出来，所刻的就是供养人像。

望寿阁

望寿阁位于山腰,由正阁、东西厢房和垂花门等建筑组成。置身阁中,仰望南山,恰好望见"寿"字,故名望寿阁。

寿天宫

寿天宫位于云门山山腰,建于隋唐时期。

天仙玉女祠

云门山主峰名大云顶,形若鱼脊,东西走向,上多寺庙宫观。山巅植"东岳大帝"之宫,树"泰山老母"之祀,东西建阆风亭,修盘山石级968级。天仙玉女祠位于山巅,为石质无梁建筑,结构奇特,富丽壮观,在建筑式样上别具一格,祠内塑有泰山老母像。

▲ 寿天宫雪色
◀ 大云顶
◀ 天仙玉女祠内景

驼山

驼山位于青州城西南5千米处，主峰海拔408米，属于沂山山脉。站在此处，远望群山山峰如千匹卧着的骆驼的驼峰。明嘉靖年间《青州府志》记载："因山形似驼，故名驼山"。驼山现为国家重点文物保护单位。位于驼山东南面峭壁上，大小并排着石窟六座，石佛造像638尊，保存非常完整，是山东省保存最完整最大的石窟造像群，被誉为"齐鲁石窟之冠"。驼山之所以闻名遐迩，不仅是因为山上众多的石佛造像，而且在驼山上可以观赏到世界上最大的山体巨佛。位于驼山东南面，云门山的阳坡前面，有一座奇妙的山体巨佛。佛像从发髻到喉结全长2600米，经专家多方考证证实，这尊巨佛是552-576年密教在此修凿的山体千寻巨佛。这尊巨佛形象逼真，造像者借助山势，根据登

▶ 驼山山门
▶ 平卧褶皱
▶ 菊花石

山不同的方位，修凿出巨佛口型一张一合的变化，形象地体现了佛祖讲经布道的口密传经法。这种造像在世界上是绝无仅有的，堪称国宝，是真正的佛祖山。在青州当地，有一拜寿、二拜佛之说，其中拜佛，则是到驼山拜谒佛祖，因此驼山还有一个名字为佛山。

菊花石

驼山上山路沿途可见，发育在寒武系炒米店组厚层状白云质灰岩中，系灰岩泥裂作用和风化作用形成，因其层面看似一朵朵盛开的菊花，故称菊花石。

平卧褶皱

位于驼山石窟一带，发育在灰岩地层中，褶皱的出现，标志着该地区曾有较为强烈的构造运动。

驼山溶沟、溶盘

位于驼山山脊,发育在寒武系中厚层状白云质灰岩中,系地表水溶蚀和生物作用形成。

溶痕

溶痕是常见的地表岩溶形态,系地表水溶蚀和生物作用形成。

天泉

泉是地下水的天然地表露头,炒米店组中泥质白云岩具有隔水作用,地下水径流至此受阻而涌出形成泉。

"神在"石刻

明朝文人雪蓑刻在云门山顶奥陶系马家沟组中厚层灰岩崖壁上的"神在","神"酷似一狼头,"在"像蛇头,狼蛇相对,暗指当时社会各政治集团的对峙。"神在"两个大字,是雪蓑在云门山的又一处题记。这处题记为云门山的第二大字,字径约一米,与大"寿"字相邻。该字在摩崖上镌刻而成,笔墨饱满,架构矫健,古拙浑朴,雄浑生姿,挥洒自如,矫若惊龙,一气呵成,尽显狂放流姿之美,可谓神来之笔。游人往往于不经意间抬首便见二字,悠然之情畅然于心,恰似"敬神如神在"之意。

驼山石窟

　　驼山石窟形成于隋唐五代时期，母岩为形成于距今约5亿年的寒武系中厚层状灰岩，共计6窟，造像638尊，是国家级重点保护文物。石窟是古代一种在岩石上开凿出一定空间之后而凿成的寺庙建筑，里面有佛像或佛教故事的壁画和石刻等；而摩崖则是将文字、佛像直接刻在山崖上。驼山上共有石窟5座，摩崖1处，大小造像638尊。最大的通高7米有余（带像座），最小的尚不足10厘米。造形精美奇特，雕工流畅细腻。造像题材多为西方的三圣像，即阿弥陀佛和观世音、大势至菩萨，其次是千佛像、力士像、飞天像及较小的供养人像等。这些造像，其隽美的女性形象和奇异的服饰，常使前往考察的专家和观光游客赞叹不已，流连忘返。驼山造像群开凿于北周至中唐我国佛教兴盛时期，特别是隋朝时期的佛雕造像，雕刻技艺精湛，保存完好，是我国其他佛教造像群中少有的精品。驼山摩崖石窟造像群是山东省内最大的摩崖石窟造像群，是研究

◀ 驼山溶沟、溶盘
◀ "神在"石刻
◀ 溶痕
◀ 天泉
▲ 驼山石窟1号窟

◀ 驼山石窟2号窟
▲ 昊天宫

我国古代雕塑、绘画艺术和佛教发展史极为珍贵的实物资料。驼山摩崖石窟造像群1988年1月3日被定为国家级重点保护文物。

昊天宫

昊天宫位于驼山山顶，始建于元朝，南北长约150米，东西宽约100米，是我国最为古老的无梁楼阁建筑。

昊天宫分为七宝阁、玉皇殿、戏楼、东西配殿和廊房等，共计殿、堂、楼、房等五十多间。宫门宏伟高大，门上之楼如同城楼，登临北望，宫外松柏茂密，东西群山逶迤。放眼南望，松涛起伏中南天门金顶碧瓦，极目远眺，远山近峰逶迤重叠，云雾缭绕，二龙山遥遥相望，玲珑山近在咫尺，巍蔚壮观。

七宝阁建于元代，系石质双拱阁楼式建筑，上下两层，数间楼阁全部无梁，结构奇特，建筑艺术别具一格，是全国罕见的全石无梁建筑。顺治丙甲孟夏时十九日立的石匾"七宝阁"镶嵌在底层的门上方。二层为三清观，观内供有老子、原始天尊、通天教主塑像。七宝阁是驼山的制高点，顺石阶攀登而上北望青州城一览无遗。

仰天山—黄花溪园区

仰天山—黄花溪园区距青州城西南40千米，包括泰和山、黄花溪、仰天山、云台山和反个崖等5个景区，面积61.16平方千米，主峰三县顶海拔953.9米，为青州最高峰。园区内生态环境优良，地质遗迹资源丰富，包括高山封闭洼地、构造溶洞群和岩溶漏斗群、峰林地貌、天生桥和岩溶峡谷地貌等北方罕见的岩溶地质地貌景观，具有极高的科学研究价值。

仰天山

仰天山位于青州西南46千米处，是一座常态山，主峰海拔834米。因罗汉洞（千佛洞）有天窗，"一窍仰穿，天光下射"而得名。仰天山地质遗迹资源丰富，植被茂盛，是江北罕见的天然植物园，2000年被国家林业局正式批准为国家森林公园。同时这里也是国家AAAA级风景区。

石道人石林景观

由13根石芽组成，分为5组。第一组由5根石芽组成，高约15米，似五人并肩携手，巍然屹立；第二组两石相抱，似一对相拥的恋人高约10米；第三组似一位白发老人，高约10米；第四组像一位母亲怀抱熟睡的婴儿，高约12米；第五组似一道人，高近13米。由地表水沿节理裂隙溶蚀侵蚀而成，在华北岩溶区极为珍稀。

▲ 仰天山—黄花溪园区景点分布
▶ 石道人石林景观
▶ 摩云崮

摩云崮

崮形地貌俗称"方桌山",是鲁中山区寒武系地层典型地貌形态。摩云崮崮顶海拔848米,崮高30米,崮顶呈椭圆形,长轴近70米,崮体以下山体为崮山组藻凝块灰岩、疙瘩状灰岩及竹叶状灰岩夹黄绿色页岩;崮体下部为炒米店组竹叶状砾屑灰岩,上部为三山子组暗灰色白云岩,顶部为三山子组含燧石结核白云岩。

佛光崖

佛光崖高50余米,长428米,是山体沿小型断裂坍塌形成的断壁,是一处典型的坍塌崖,一壁万仞,上部微凹,顶端圆秀,下部宽宏,如刀削斧劈,逼立耸峭。佛光崖同时也是一处天然的回音壁,其回音时间长达1分钟,是世界上回音时间最长的天然回音壁。可能是由于光线折射的原因,佛光崖顶不大的一块地方,在漆黑的夜里能显现出微弱的亮光,人称"佛光崖"。 钟羽正在他的《仰天文殊

寺佛崖放光记》一文中写道："万历四十八年四月朔，佛光崖放光三日，夜则穿月两垂，色明如银；昼则映日圆下，色耀如金……"。

峰丛

底座相连的峰林，是峰林发育的早期阶段。峰与峰之间形成"U"形

的马鞍地。

仰天槽

位于海拔750～840米的仰天山山顶，面积约1.5平方千米，为北方地区最大的岩溶封闭洼地。周围为山丘包围，洼地底部相对平坦，形状酷似马槽，因而得名。仰天槽是典型的岩溶洼地，其底部分布有大量的漏斗、落水洞，之下更是分布着多层构造溶洞，溶洞内次化学堆积十分发育，并发育有地下暗河。

落水洞和漏斗群

集中分布在仰天槽岩溶洼地内，据初步统计有70余个，开口多呈碟盘状或漏斗状，直径大的超过50米，小

的只有10厘米，漏斗深度10厘米到12米不等，落水洞一般从数米到上百米。漏斗底部多覆盖厚度不等泥土、碎石等，少量见基岩（灰岩、白云岩），通常情况下被发育良好的植被所覆盖。漏斗和落水洞起着集水和消水的作用，也是地表水和地下暗河联系的主要通道。

◀ 佛光崖
◀ 峰丛
▼ 落水洞和漏斗群
▼ 石钟乳
▼ 仰天槽

水帘洞

位于仰天寺北部，洞口海拔600米。自仰天寺沿小路北行，可见一石壁如刀削斧凿，其下一洞穿孔，即水帘洞。洞口处三级石阶次第降落，雨季常见三级瀑布水景。自洞口前行，见洞底流水潺潺，继续前行水越来越深，至190米处，水深超过2米，洞体变得相对狭窄，水面以上仅余30厘米的小孔，人难以继续进入。

黑龙洞

黑龙洞位于仰天槽内，发育在寒武系三山子组灰岩中。洞口呈长方形，长10米，宽6米，海拔高度765米。洞内石钟乳等洞穴堆积物发育，其险在垂深62米处，呈不规则状，中间几无着力之处，仅两块巨大灰岩掉块夹于洞中。洞底面

▲ 石钟乳（石鹰）
▼ 石幔
▶ 石耳
▶ 落水洞

积约20平方米，洞壁有较多凹痕，潮湿润滑，自裂隙向下细流潺潺。洞底右侧有一个高1~2.5米，宽2~4米的水平溶洞，洞体曲折弯转，高低不平，总体向西延伸。

四门洞

位于仰天槽内，洞口海拔750米，水平长886米，高差超过110米。全洞由六厅五洞二廊一弯一水组成。洞内蜿蜒曲折，洞中有洞，有的地方狭窄，有的地方宽阔，沿洞行走，时常让人进入"山重水复疑无路，柳岸花明又一村"的境界。洞内钟乳石十分发育，石钟乳、石幔石笋、石柱等千姿百态，色彩斑斓，有的似苍穹圆盖，有的像佛手莲台，有的如飞流九天下。雄鹰休憩是四门洞中形体巨大的石幔和石钟乳组合体，因形状像栖息于树上的雄鹰，故而得名。

高明洞

位于仰天槽西南部，发育在豹皮灰岩和薄层状泥质灰岩互层中，为一近水平溶洞，洞口海拔645米，水平百余米，垂直高差11米。洞内宽窄不一，

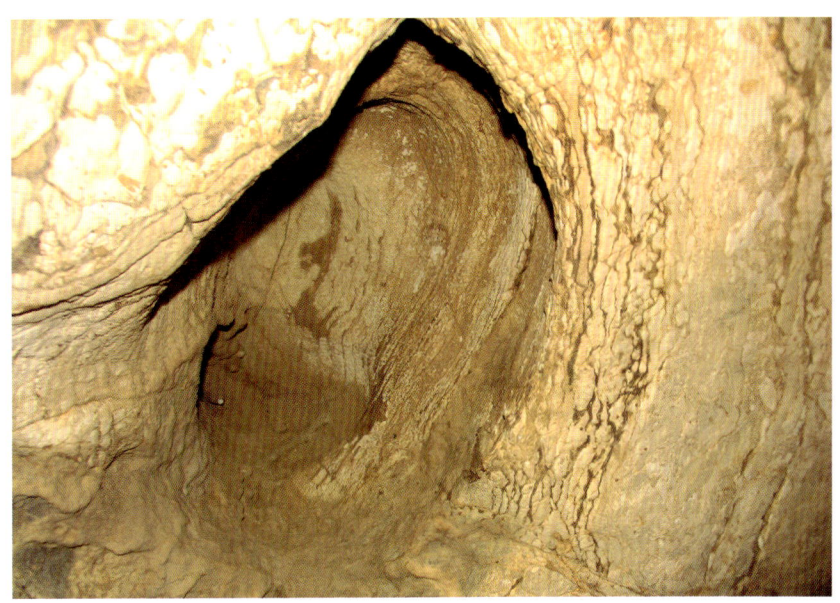

窄处仅1米，宽处也仅有2.5米。进入洞中，哗哗流水声不绝于耳，洞穴堆积物发育。

石钟乳、石笋、石柱

发育在四门洞、黑龙洞、水帘洞、高明洞等洞穴内的次化学堆积物，悬挂在顶部的称为石钟乳，从地上往上生长的称为石笋，连在一起的称为石柱。

石幔

发育在四门洞、黑龙洞、水帘洞、高明洞等洞穴内的次化学堆积物，是含碳酸钙的地下水沿洞壁渗出，在压力和温度改变的条件下发生沉淀形成。

石耳

发育在水帘洞、黑龙洞、四门洞、高明洞等岩溶洞穴内，据不完全统计，已发现40余个，大小差距很大，形态似人耳，是由地下水溶蚀作用形成的。

地下暗河

是在地下水侵蚀溶蚀作用下形成的近水平的洞穴，一般都通过落水洞

或漏斗与地表水发生一定联系,也是落水洞和漏斗消解地表水的汇集处。

水帘洞瀑布

位于水帘洞洞口附近,尤其是在雨季时节,水流汇集于此奔流而下,形成连续三级的阶梯式瀑布景观。

灰岩与白云岩分界剖面

位于石道人山上,上部为白云岩,下部为竹叶状角砾灰岩,系风暴潮沉积环境下形成的。

千佛洞

千佛洞位于仰天山山体中部,洞高40米,深160米,宽约30米,洞中石窟造像1040个,故称千佛洞。千佛洞,也叫罗汉洞、太祖洞、白云洞等。千佛洞是一处干的落水洞。洞内曾有佛龛数百,

QINGZHOU 青州

过去曾供奉"北宋应真造像四十八种，千余尊"故名千佛洞。千佛洞顶有一天然石隙，通过石隙可以看到一线天空，"一窍仰穿，天光下射"仰天山因此而得名。传说甲子年中秋，月亮可以通过石隙直照洞底，景色非常壮观，自古就有"仰天高挂秋月圆"之美誉，为青州八景之一。

◀ 水帘洞瀑布
◀ 灰岩与白云岩分界剖面
◀ 千佛洞
▲ 反转崖晨曦
▼ 芦苇荡

反转崖晨曦

反转崖位于仰天山南侧的三县顶附近，初晨，一窍仰穿，天光下泻。

芦苇荡

仰天山顶部的四周为岭，中间低洼如槽，海拔高度750米，土肥水沛，生出了一片片茂密的

▲ 鹅耳枥林
▼ 刺槐林
▶ 红叶谷
▶ 文殊寺

芦苇，标志着仰天山良好的自然生态系统。

鹅耳枥林

鹅耳枥是桦木科乔木植物，稍耐阴，喜肥沃湿润土壤，也耐干旱瘠薄。鹅耳枥属于鹅耳枥属，该属植物全世界约有40余种，我国约30种。其中有些种类木材坚硬，纹理致密美观，可制家具、小工具及农具等。鹅耳枥种子可榨油，供食用以及工业用。有些种类叶形秀丽，果穗奇特，枝叶茂密，为著名园林观赏植物。仰天山的鹅耳枥林是华北面积最大的野生鹅耳枥分布区之一。

刺槐林

槐树是仰天山的主要树种之一，大片生长在仰天槽内，每逢五月，槐花飘香，风景别致。

红叶谷

红叶林位于仰天山山顶北槽，是仰天山复杂的森林群落之一，以黄栌树为主，间杂着大果榆、白腊、五角枫等树种。虽地处贫瘠的中山地段，但各树种以顽强的生命力与环境抗争，形成了良好的天

然阔叶杂木林。每年深秋季节,绵延的群山、险峻的谷壑,被彩色的杂木和绿色的侧柏、黑松所点缀,呈现如诗如画、精妙绝伦的山地风光。每逢秋季漫谷红遍,可谓"停车坐爱枫林晚,霜叶红于二月花"。

仰天山齐长城遗址

位于景区南大门南面,西接淄博,东连临朐,背靠青州,由天然形成的悬崖峭壁构成,以山代墙。此处奇石林立,犬牙交错,峻峰奇伟,深谷环绕,周围群山连绵,异常险峻,景色优美。

齐长城是春秋战国时期,齐国为防御鲁楚的进攻,在南部边境建筑的绵延千里的军事屏障。齐长城西起山东省长清区古济水河畔的钜防,"横跨泰山,绵地千里"。

仰天山建筑格式属于齐长城建筑的一种——天险墙。修筑长城是一项耗时费力的巨大工程,聪明的劳动人民创造了许多因地制宜、节时省力的办法,充分利用悬崖峭壁,在十数米乃至数十米高的悬崖绝壁上,因无法攀登而不再在其上砌筑城墙。这种情况,齐长城全线用得很多,短的数十米,几百米,长的达千余米。凡高崖陡壁难以攀登处,仅用石块砌筑起宽2米左右的矮石墙或干脆借助山势不设城,以悬崖代墙。

文殊寺

文殊寺始建于北宋初年,是目前

国内现存的三大文殊寺院之一，而且是唯一的一座坐西朝东的文殊寺院。其他两处一处在山西五台山，是文殊菩萨的道场。另外一处在河北承德避暑山庄的外八庙，这里是第三处，虽然面积不大，但是在佛教里的地位是非常重要的。文殊寺历经千余年的历史沧桑，寺庙建筑多已被毁，只留下了大量遗迹和少数建筑。

文昌阁

阁台高拔，白壁红柱，飞檐如翼，势若凌空。凭窗而望，整个寺院及周围的山光水色尽收眼底，一览无余。相传文昌阁是供奉文昌地君的地方，旧时赶考的学子进京前都要到此进香，以求得文曲星的保佑。

望月亭

明代建筑，为石质无梁拱顶建筑，整座亭子没有一根木料，全是用石头砌成，在没有钢筋水泥的古代，能够建造如此的建筑，实属不易。该亭是明代工部尚书钟羽正出资修建的。钟羽正，字淑廉，号龙渊，青州

钟家庄人，自幼勤奋好学，万历八年（1580年）进士及第，官至工部尚书，为人刚直不阿，他才华出众，为官清廉。在担任地方官时，处理积案，断决如流，三日乃毕。万历四十三年（1615年）青州发生大饥荒，钟羽正倾资救济，救活一千五百余人。万历年间，钟羽正利用积蓄加上募捐的银两整修文殊寺后，利用剩余的银钱修建了望月亭，并手书"望月"两字嵌于门顶。石亭全用青石筑成，无一砖一木，南北各开一窗，东西各设一门，既无飞檐也无雕饰，有意回避了旖旎瑰丽，转为体现质朴简洁，也是钟羽正人格的一种体现。

◀ 望月亭外
◀ 闻涛阁
▼ 九龙盘

九龙盘

仰天山盘山公路，沿灰岩层理修筑，崎岖盘山而上，全长3300米，共有十一个回头弯道，公路集中在山坡一侧落成，气势雄伟壮观，似一条白龙卧于山腰，故名九龙盘。

天门
左右两座灰岩山体耸然对立，中间空旷，宛如大门一般，形成了天然的进山山门。

七峰叠翠
在高山前沿，一连七座山峰，海拔均在630米以上，具有共同的基座，排列成阵，单根高度在30米以上，发育在奥陶系马家沟组灰岩中，在流水作用及重力崩塌作用共同作用下形成，是典型的重力崩塌成因的峰林岩溶地貌。

石祖双峰
由两座绝对高度大于200米的主体为寒武系灰岩的孤峰组成。

▲ 天门
▲ 石祖双峰
▶ 七峰叠翠
▶ 三角山
▶ 影像山
▶ 童儿山

三角山
灰岩山体沿断裂裂隙溶蚀坍塌形成的坍塌崖。

影像山
影像山位于三角山坍塌崖崖壁上,岩壁凸出的一处岩石酷似明朝初年青州籍起义女侠士唐赛儿的影像,故而称之为影像山,本质上是岩石风化与周围植被等环境共同形成的象形石景观。

童儿山
三山子组灰岩山体经风化剥蚀后形成的像形峰,酷似幼儿的头像,故名童儿山。

百鸟谷
山峰之间自然形成"Y"形岩溶沟谷,两侧百丈悬崖,谷底流水潺潺,四处密林覆盖,鸟儿争相啼鸣。

通天洞

为一落水洞洞壁坍塌而形成，垂直高度超过60米，洞顶可见天日，洞底可以出入。

神剑

神剑是一处石柱，相对高度20米，截面近圆形。柱是沿灰岩岩体垂直裂隙进行溶蚀、侵蚀后残留的上下

截面大致一致的柱状岩体。

仙龟
卸石山景区内奥陶系灰岩象形石景观，因其形状似仰头朝天的龟，故而得名，溶蚀剥蚀形成。山体长20米，由奥陶系灰岩组成。

石狮
天门门口之侧，孤峰之上，天然怪石酷似一对石狮，蟠坐高处，守护天门。

啸天狼
奥陶系灰岩山体经长期风化剥蚀形成的象形峰。

中军寨
唐赛儿遗迹，现有树立义旗的髻髻顶，唐赛儿军帐寨顶，义军营房寨墙，驻扎中军的中军寨，唐赛儿指挥演兵的点将台、跑马岙、义军饮马湾等。

◀ 百鸟谷
◀ 通天洞
◀ 神剑
▲ 仙龟
▲ 石狮
▲ 啸天狼
◀ 中军寨

▲ 黄花溪景区大门
▼ 黄花溪瀑布湖泊景观
▶ 竹叶状灰岩
▶ 豹皮状灰岩
▶ 万丈崖

黄花溪

黄花溪景区属于灰岩峡谷地貌，全长约3千米，由峡谷、断壁、涧溪、瀑、潭、泉、落水洞等地貌组合而成，由断裂切割、重力崩塌和流水侵蚀等共同作用形成。黄花溪溪水清澈，峭壁高耸，深谷蜿蜒，林木蔽天，流瀑成群，是山东第一大瀑谷。谷内自然风光极为秀美，春时百花烂漫，夏天山翠水流，秋季红叶漫山，冬日冰瀑连绵。黄花溪景区内有罕见的原始植被和很多野生动物。山上古藤缠绵，深谷幽鸣，蝴蝶飞舞。森林覆盖率达90%以上，是江北罕见的天然植物林，有木本植物110多种，草本植物200余种，陆生脊椎动物100余种；因其特殊的地质地貌和丰富的森林资源，形成了独特的山地森林小气候，空气中的负离子含量是城市的200倍。

竹叶状灰岩

大约形成于距今5.3亿年前，由圆形、椭圆形扁平砾石平行排列组成的石灰岩，因垂直切面上砾石的形状像竹叶而得名。该处竹叶状灰岩因氧

化作用形成紫色的氧化圈,又俗称紫眼圈灰岩。

识心亭断层

位于识心亭的对面,岩层因受力达到一定强度而发生破裂,并沿破裂面有明显相对移动的构造称为断层,两盘沿断层面的倾斜线相对位移的断层称为倾向滑动断层,断层两盘相对移动开的距离叫断距。该断层面近垂直,左右两侧岩石沿断层面作上升下降的相对运动,断距约5米。

豹皮状灰岩

灰岩的一种,花斑由白云岩组成,呈浅黄色或褐黄色,与周围灰色或深灰色灰质组分界线明显。岩石风化面上,常有虫孔和花斑共生,是豹皮灰岩的标志。

万丈崖

长约100米,高约80米,由断裂塌陷形成的石灰岩岩壁。

天坑
天坑长100米,宽80米,深100米,系巨型落水洞沿小型断裂构造坍塌形成。

盲谷
岩溶地区呈封闭状的地表河谷,地表河流在盲谷上端注入落水洞,并在盲谷下部转为暗河。

岩溶干谷
黄花溪景区内发育多条干谷,其中最长的一条位于洞顶东南部的山谷,长达数千米,曲折迂回,发育有反向谷。岩溶干谷是我国华北地区常见的一种地貌类型。雨季干谷中水量较大,雨季过后,干谷中水流逐渐干涸,谷底岩石(包括砾石)裸露。干谷在岩溶水文系统中有着重要的作用,它的出现标志着已有地下排水系统形成,但发育不完善,仍以流水作用形成的地表排水网为主。

仙人桥
仙人桥是一处天生桥,桥高约50米,长近20米,桥面宽度1米。据推测是由地下河与溶洞的顶部崩塌后,残

留的顶板横跨河谷两岸形成的。

三合瀑
三合瀑是黄花溪的主要瀑布之一，瀑布从山顶飞流直下，汇聚成潭，形成岩溶峡谷入口处的瀑布潭水景观。

女儿泉
女儿泉是一处下降泉，泉水清澈，发育在峡谷之中，与峡谷流水相得益彰，形成了独特的水体景观。

黄花谷
进得山来，恍若置身幽静的谷底。左右顾盼，身边的一景一色一草一木似有九寨沟的迤逦和风情，更带有张家界的秀丽和俊美。黄花谷，这个美丽的名字或许源自秋天黄灿灿的山色吧。夏季的黄花谷，与外面温差很大，谷内非常凉爽，别有一番欲说还休的景致。原始的森林、交

◀ 天坑
◀ 盲谷
◀ 岩溶干谷
◀ 女儿泉
▲ 仙人桥
▼ 三合瀑

▲ 黄花谷
▶ 银河峡
▼ 峡谷红叶
▶ 天然氧吧

错的沟涧、清细的溪流、纯净的空间，皆使我们犹在天然氧吧，沁人心脾。

银河峡

银河峡在地质结构中较为特殊，崖壁高耸直立，呈扇状弧面形成天然回音壁。瀑布如一条条白练从天而降。在此远眺前方连绵的山峦，俯瞰

亭下深潭碧水，或来一次深呼吸，感受一下大自然清新纯净的空气。这里植被茂密，种类繁多，林木覆盖率达95%以上，绿地覆盖率达97%以上，空气中负氧离子含量极高，每立方厘米达7万余个，是一座天然森林氧吧。

珍珠瀑

珍珠瀑的特点就像它的名字一样，瀑布如丝线般沿崖壁流淌，晶莹的水滴恰似一颗颗亮闪闪的珍珠，与青苔相映成趣，故将其命名为"珍珠瀑"。

罗汉岭

整座山体天然成佛，像由若干个罗汉组成一般。故将此山称为"罗汉岭"。

地质博物馆

青州地质博物馆位于云门山景区的将军山脚下，占地面积18983平方米，总建筑面积1774平方米，包含主展厅、砚石馆、影视厅、科普长廊、游客服务中心等五个功能区。

地质博物馆

地质博物馆主展厅陈列展板58块、图片112幅，实物标本54块，多媒体沙盘1套，全面展示青州国家地质公园丰富的地学内容。砚石馆主要展示以青州红丝砚领衔的砚石系列产品，共展出大型展板3块，实物砚台54块，砚（奇）石18块。公园科普影视厅播放高清标准的公园科普宣传片。科普长廊利用文字、图片、表格等形式展示了岩溶地学、古生物化石、地球起源、地质演化、岩石地层、地形地貌等方面的科普内容。共展出展板36块，图片81幅。

QINGZHOU 青州

优秀旅游城市

自然风光优美,名胜古迹众多,特色物产丰富,乡土风情淳朴,人民群众热情好客,共同造就了青州旅游的靓丽风景线。

青州市博物馆

青州市博物馆是一座综合性地志博物馆,成立于1959年。1984年建设新馆,占地40亩,建筑面积1200平方米,为仿古式民族建筑群。青州博物馆是我国建馆最早的博物馆之一,收藏各类文物2万余件。海内外孤本——明万历青州状元赵秉忠的殿试卷填补了明代宫廷档案的空白;东汉大型出廓"宜子孙"玉璧为目前仅见的有字汉璧;青州龙兴寺石刻佛教造像群被评为1996年全国十大考古新发现,其数量之大、雕工之精、贴金彩绘保存之好为我国文物考古所罕见。

陈列方式以精品化、专题化为原则,运用先进的艺术手段,推出了简史陈列、陶瓷器、玉

◀ 小学生参观科普长廊
◀ 地质博物馆红丝石标志碑
▼ 青州市博物馆

器、青铜器、书画、古货币、碑碣、石刻、革命文物等10个专题陈列厅。展览融实物、照片、模型、图表、文字、讲解为一体，并配以光、声等特殊效果，使游客尽情领略青州璀璨的历史风采。

范公亭公园

范公亭是青州市著名的名胜古迹，始建于宋代。范公亭公园位于青州市范公亭路西端一块300余亩大的小盆地里，包括范公亭和李清照故居、洋溪湖、永济桥墩和满心亭等景致，因范仲淹惠政知青州而得名。园内楼台参差，湖水潋滟，花木隐翳，溪流蜿蜒，古木交叉，竹柳翩翩，曲径通幽，得趣天然。这里虽与城里只有一墙之隔，但由于地处盆地，气候宜人，严冬不结冰，盛夏无酷暑，气温与城里相差3℃～5℃，是一处难得的旅游胜地。范公亭为六角飞檐，顶开圆孔，与井泉上下相对，天光下射，水光潋滟。其亭之柱上木下石，别具风格。井亭迎面的柱子上镌刻着一副对联：井养无穷兆民允赖，泉源不竭奕世流芳。

范公亭院内有数棵唐楸、宋槐，老干虬枝，大可几人合围，虽说已活了千年之久，至今仍然枝繁

▼ 范公亭公园
▶ 偶园

叶茂，生机盎然。院门南侧，植翠竹千竿，使这一组古老的建筑越发显得清静幽雅，生机勃勃。

偶园

在青州市里民主街南首，有一处被当地人称为"冯家花园"的偶园，它原是清初大学士、太子太溥冯溥的私人花园，系清康熙初年所建，是全国幸存的为数不多的"康熙风格"的园林建筑。偶园的规模虽不大，但它结构严谨，布局得体，别有一番情趣。满园内亭阁棋布，怪石嶙峋，泉水叮咚，曲径通幽，竹柏森森，花木隐翳，充分体现了我国劳动人民高超的园林建筑艺术。园内四株明代种植的桂花，已经四百余年，三株明代留下来的迎春花，虽"老态龙钟"，但每年隆冬都会绽开满枝黄花，迎接春天的到来。在偶园最富有吸引力的就是偶园假山了，假山共有三峰，沿偶园东、南两墙环列，乍看并无奇特之处，细考究则颇有趣味。假山在结构上分坪、峰、涧、台四部分，每部分体现各自的主题，特色分明，使整个假山繁而不乱，静中有变，层次分明，境界高雅，于一园之内显出千里之势。

万年桥

青州万年桥是一座七孔石桥，长65.3米，面宽8米，高7.9米，拱跨度宽5.4米。位于古南阳城北门外，始建于宋仁宗明道年间，中间历经修葺，最后一次重修是在清朝嘉庆年间，迄今已180多年了。桥两端各有较宽的引桥面，东西两面有栏杆，并衬有石狮、宝瓶各16对。栏杆上有明朝

的浮雕《二十四孝图》和缠枝牡丹。西面应水的六个桥墩上端，刻有一米见方大的龙头，人们叫它龙吞口。

真教寺

青州真教寺，省级文物保护单位，位于青州东关回族聚居集中的昭德街，交通方便。真教寺既是伊斯兰教群众进行宗教活动的场所，又是各族人民参观游览的著名景观。它始建于元大德六年（1302年），是当时全国三大真教寺之一。经历代修葺，规模不断扩大。它融汇了中外建筑之精华，既有中国宫殿式建筑的特色，又明显带有阿拉伯建筑风格。

龙兴寺

青州龙兴寺是中国目前唯一一处布局清晰、保存较好的唐代以前的大型寺院遗址，1996年10月在该遗址一次性发掘出土了北魏至北宋的400多件窖藏佛教造像。这批造像数量大、种类繁、雕造精美，彩绘富丽。一经出土就引起轰动，受到海内外新闻媒体广泛关注，引起学术、宗教、艺术与社会各界的高度兴趣，并被评为1996年中国十大考古发现之一。龙兴寺遗址发现的佛教造像，有陶、铁、泥、木与石雕，然以石雕居主，且以青州所出石灰岩为最多。

花林疃村

青州古代十景之一——花林野趣的花林疃村，这个村子多柿树深秋霜叶蔓延平铺，登山远望似锦，宛如花林，故名花林疃村。今天的花林疃村依然保留着"百花千树半柴门"的风情。春天，这里白的杏花、红的桃花、紫的梧桐花次第开放，争奇斗妍。秋天，柿子

◀ 真教寺
◀ 龙兴寺
▲ 花林瞳村

树、火炬树、枫林霜叶如染，火红一片，吸引着众多的游客驻步观赏、流连忘返。

昭德街区明清古建筑群

悠久的历史给青州留下了丰厚的文化遗产，古街道建筑青砖灰瓦、红栏白墙、青石铺地，透出浓浓的古风雅韵。而在这些古街中，保存最好，原汁原味，至今仍然延续其文化传统的，当属东关昭德街区。昭德街区北起北关，跨过万年桥，南至偶园街、卫街、东关真教寺，主要包括北关街、北门街、偶园街、东门街、东关街、粮食街、北阁街、昭德街及其两侧街巷，它们南北相通、东西相连，形成了一组"连线成片"的明清古建筑群，全长5千米，人称"十里古街"。

昭德街区居民是以回族为主，回、汉、满、蒙等各民族杂居的居住区。唐朝时，青州地区非常繁荣昌盛，以贸易为主的阿拉伯人、波斯人、大食人通过陆地和海上的丝绸之路，来到青州开展贸易活动，当地人称之为"藩客"。自元初开始，青州形成稳定的回族聚居区，至今，这里的

回族居民仍保留着自己固有的民族文化传统和饮食习惯。

青州自古为海岱间一大都会，世界上五大宗教——佛教、道教、伊斯兰教、天主教、基督教在青州都有悠久的历史，深刻影响过当地的传统文化思想。从南北朝至宋元，青州就是中国东部佛教文化中心，建立了众多的寺院，著名龙兴寺就是其中之一；唐代以后，青州道教兴盛，在青州城南的云门山、驼山上，历来就是佛道并存。

在隋、唐、宋、元、明、清历代，青州一直是中国的名城重镇，也是中国东方政治、文化、经济中心；而今城区遗留的众多文物古迹，犹如一曲幽深的古韵，和着时代的节拍悠然飘荡。

在这个街区历史上曾诞生或居住过许多光照千秋、彪炳史册的历史人物，最为著名的莫过于4位状元。北宋著名的三元状元王曾，咸平年间，王曾连中三元，大魁天下；明代状元赵秉忠，其考中状元的殿试卷现保存在青州市博物馆，是中国现存最早的状元卷，为国家一级文物；清代状元、著名的外交家洪钧，同治七年（1868年），进京殿试，高中状元，青州民众称之为"学徒状元"；清代还出过一位武状元丁殿祥，嘉庆十九年（1814年）甲戌科武进士第一名，皇帝钦点为"武状元"。

▲ 昭德街区明清古建筑群

思索青州

青州地质遗迹形成条件
地质遗迹的形成过程

青州地质遗迹形成条件

山东青州国家地质公园内分布着类型齐全、珍奇秀丽的岩溶地质地貌景观和具有典型代表意义的地质遗迹。在数亿年的漫长地质岁月中,青州大地经历了地球内外营力的共同作用,终于以今天的面貌呈现在了我们眼前,成为天然的地质博物馆。

▼秀色仰天山

内力地质作用

内力地质作用是由地球内部能源引起的地质作用,它一般起源和发生于地球内部,但常常可以影响到地球表层。公园内地质遗迹的形成主要源于构造运动。本区先后经历了新太古代、元古代、早古生代、中生代和新生代的构造运动,不同地质时期的不同阶段具有不同的地质特征及地壳构造演化形式。其中,早古生代的沉积作用为园区内地质遗迹的形成奠定了物质基础;中生代的燕山运动和新生

代的喜马拉雅运动造就了本区构造和地貌形态的雏形。

早古生代，由于鲁西地区地壳下降，海侵由东南向西北方向逐渐推进。张夏期，华北地区海侵最为广泛，而青州恰恰处于华北海侵的边缘地带。沉积环境为台地边缘—浅海陆棚—台地边缘礁相带，鲕粒滩发育，形成鲕状灰岩、厚层状灰岩、黄绿色页岩为主的沉积系。可能因水下地形复杂，局部形成高能环境。崮山期，海水逐渐向西北方向推进，处于潮间至局限海高能环境，沉积了粘土质页岩、竹叶状灰岩。长山—凤山期，海侵达到空前规模，沉积作用遍及古海域，形成了一套巨厚的碳酸盐岩。西河口—红花园期，处于潮间—潮下高能及开阔海低能环境，形成竹叶状白云岩，条带细晶白云岩，构成了明显的海进沉积旋回。红花园末期，由于受怀远运动的影响，被抬升成陆，遭受短暂的风化剥蚀之后，接受了新的海侵，分别由马家沟组东黄山段—北庵庄段、土峪段—五阳山段构成两个明显的海进海退沉积旋回。它们均属于静水沉积环境，表明地壳运动已由强烈振荡阶段转为相对平静的阶段。至中奥陶世早期，由于受加里东运动的影响，鲁西地区基本上生成陆，长期遭受风化剥蚀。

中生代的燕山运动强烈，受华南板块与华北板块的对接及太平洋板块俯冲的影响，在东西向张力的作用下，淄河断裂、五井断裂以张裂形式开始出现并初具规模。同时，铁质在断裂构造的影响下开始运移富集，在断裂的有利空间贮集成矿，淄河地堑也开始形成。小规模的岩浆入侵也随

之发生，沂南岩套上峪岩体沿古生界灰岩层间裂隙侵位形成。燕山运动晚期，是华南板块和华北板块对接的后期，活动方式开始转换，由原来的引张作用转换为近东西向的挤压作用。将原来的张性环境下形成的滑脱残片张性角砾挤压而成构造透镜体、压扁的构造角砾岩、挤压片理等，断层面形成断层泥、牵引褶皱，断裂明显表现为压扭、逆冲性质。

受新生代喜马拉雅运动早期活动的影响，表现为南北向引张，形成了近东西向张性断裂。东西向表现为挤压为主，老断裂重新活动，造成本区西南部隆起，遭受风化剥蚀；东北部下陷接受沉积。至此，区内构造轮廓已基本形成，地貌形态初具雏形。进入晚近时期，地壳运动趋于平稳升降，以区域夷平作用为主，形成第四系堆积物。

外力地质作用

外力地质作用是由地球外部的能源引起的，发生在地球表层的地质作用。其中的风化作用、剥蚀作用和沉积作用就像大自然的鬼斧神工，直接缔造了今天绮丽多姿的地质地貌景观，如象形峰、象形石、崩塌遗迹等。

风化作用是在地表或近地表的条件下，由于气温、大气、水及生物等因素的影响，使地壳或岩石圈的矿物、岩石在原地发生分解和破坏的过程。风化作用最为普遍，几乎无时不在，无处不有。它在公园的地质地貌景观的形成过程中起了重要作用，扮演了能工巧将的角色，雕琢出了一幅幅如画美景。物理风化造成岩石节理发育，是悬崖峭壁的主要制造者之一，从而也有了古人对大自然"壁立千仞"美景的赞叹。化学风化产生洞隙，并使其逐渐增大。生物活动常常导致岩石裂隙扩大、加深，乃至崩解，这是生物风化作用的结果。多数情况下，各种风化作用都是相互伴生、相互影响和相互促进的，过程也是十分缓慢的。在漫长的岁月中，风化作用锲而不舍地改变着地表岩石的形迹。

地表的矿物、岩石在风化作用下分解、破碎，在运动介质作用下（如流水、风等）可能会被剥离原地。剥蚀作用就是各种介质在其运动过程中，使地表岩石产生破坏并将其产物剥离原地的作用。剥蚀作用是陆地上一种常见的、重要的地质作用，它是地表物质迁移的重要动力，同时塑造了地表千姿百态的地貌形态。在本区主要表现为地面流水的剥蚀作用和地下水的剥蚀作用及风的剥蚀作用。

地面流水包括河流、洪流和片流，它们是塑造陆地地表形态的最重要的地质营力。河流的侵蚀作用主要表现在下蚀作用和侧蚀作用。下蚀作用使河谷加深、加长，侧蚀作用使河床弯曲、谷坡后退、河谷加宽。片流是一种在斜坡上的面状流水，流速慢，水层薄，它剥蚀成了地表形态的雏形。洪流以其自身的动力和挟带的砂石对沿途沟谷、沟壑冲击，起加深和拓宽作用，对"V"形谷的形成起重要作用。

地下水的剥蚀作用主要表现为地下水的侵蚀作用，是地下水在运动过程中对周围岩石的破坏作用。它对公园内的喀斯特地质地貌遗迹的形成起着至关重要的作用。在本区，地下水的侵蚀作用是通过对石灰岩的溶解和把溶解物带走而使岩石产生破坏。在包气带，地下水主要作垂直运动，因此岩溶地形沿垂直方向发育，主要产生溶沟、石芽、落水洞、漏斗等。在潜水面附近，

◀ 茶壶山
▼ 水帘洞片流

地下水作近于水平运动。因而，溶蚀作用沿水平方向发展。岩石经过溶蚀后，形成水平方向延伸的溶洞。

风蚀作用对地表形态也起着一定的作用，但在本区没有以风蚀作用为主导因素形成的地貌形态。

地表风化和剥蚀作用的产物分为碎屑物质和溶解物质，它们除少量残留在原地外，大部分都要被运动介质搬走。这些物质被从一个地方搬运到另一个地方的过程就叫搬运作用。被运动介质搬运的物质到达适宜的场所后，由于条件发生改变而发生沉淀，堆积的过程即是沉积作用。公园内的地下岩溶形态的形成主要是地下水搬运、沉积作用的结果。碳酸盐（主要是石灰岩）被地下水溶蚀，被溶解的部分随地下水被搬运，当搬运到溶洞时，压力突然降低，CO_2 溢出，形成 $CaCO_3$ 沉淀。久而久之，就形成了石钟乳、石笋、石柱和石幔等。

当然，众多的地质遗迹的形成并不是简单的一种或几种外力地质作用的结果，而是多种外力地质作用相互作用、共同影响的结果。只不过是在这个过程中有的起了主要的作用，有的作用不是很明显罢了。

地质遗迹的形成过程

地质公园园区内各类地表、地下岩溶形态的存在，是区别岩溶环境与非岩溶环境的基本根据，而岩溶地区环境系统的组成，是导致岩溶形态差异的根本，也就是说，岩溶形态及其组合往往是岩溶发育环境的标志。因此，研究本地区主要地质遗迹资源的形成过程，可以深层次地分析其形成的古地理和地质构造环境。

岩溶地貌

距今约5亿年的古生代寒武—奥陶纪，华北地区自南向北发生沉降，造成区内海水自东南向西北方向入侵，仰天山地区成为一片汪洋大海，属于浅海陆棚环境，水深几十米，海底沉积物时常受到风暴、浪等天文事件的影响，此时沉积了竹叶状灰岩、豹皮灰岩、微晶灰岩及页岩地层。距今1.5亿年左右，燕山运动使地壳抬升，沉积地层露出水面遭受风化剥蚀。距今2000万年的喜玛拉雅造山运动，沿仰天槽断裂形成断陷盆地，地壳缓慢抬升，地

◀ 石瀑
▼ "V"形谷

下水位逐渐降低，地表水沿构造裂隙下渗，溶蚀及侵蚀作用使裂隙扩大，尤其在裂隙交会部位形成漏斗及落水洞，如四门洞、黑龙洞；地壳相对稳定阶段，在具有隔水作用的崮山组泥质岩层之上的古潜水面或易溶岩层层面形成水平溶洞，如千佛洞、高明洞及四门洞内的水平洞穴；山区饱气带溶洞中水若在边坡出露则形成溶洞或瀑布，如水帘洞。整个仰天山地区，岩溶地貌发育，组合配套，具有形成溶洞群的优越地质条件，构成了垂直方向和水平方向互相连通错综复杂的洞穴系统。

岩溶洞穴及其沉积物

岩溶洞穴包括各类水平及垂直发育的溶洞、落水洞、漏斗等，其内的沉积物主要包括钙华、石钟乳、石笋、石柱、石幔等。

岩溶洞穴的形成与发展实际上是一种极其复杂的化学溶蚀、机械侵蚀和崩塌过程。洞穴学认为，一个岩溶洞穴的形成必须要满足以下四个基本条件：（1）可溶性岩石；（2）可溶岩能提供水渗透和运移空间；（3）具有溶蚀能力的水流；（4）水流必须具有流动性。可溶岩，首先它必须是可以溶解的；其次，岩石必须具有透水性。当岩石具有透水性时，地表水才能渗入地下并转化为地下水，这样地下水才能起主导作用并形成洞穴。就水而言，首先它必须具有溶蚀力，纯水的溶蚀力很微弱，但当水中含有CO_2或其他酸类时，其溶蚀力就会增大，可溶岩才能产生溶蚀作用；其次水必须是流动的，因为停滞的水很快就会变成饱和溶液而失去溶蚀力，岩溶作用就会停止。此外，气候、地形、生物和土壤等作为岩溶作用的外因，也

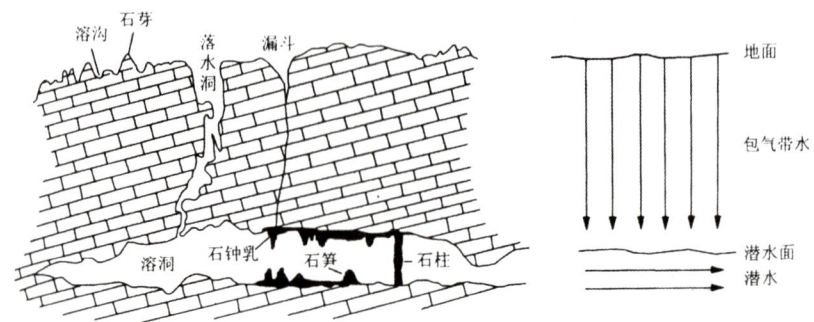

◀ 石花
◀ 岩溶地貌成因示意图
▲ 白云岩山体

起着不同程度的影响作用。

按岩石的化学成分和矿物成分的不同，公园内的可溶岩为碳酸盐类岩石，以石灰岩为主，其次是白云岩。其主要矿物成分为方解石和白云石。碳酸盐岩具有两个重要特性：一是性脆，在受力的作用下，很容易破碎或产生裂隙，成为水流活动的良好通道；二是具有良好的可溶性。纯水对碳酸盐岩的溶解作用非常微弱。但是，随着水的物理化学特性的变化，如温度、压力、特别是受水中二氧化碳或其他酸类物质含量的影响，水对碳酸盐岩的溶解往往发生几倍至几十倍的变化。水对碳酸盐岩的溶解作用，主要借助于溶解其中的二氧化碳而形成的侵蚀性进行的；相反，水中二氧化碳的逸出，又会使溶解于水中的碳酸钙沉淀下来。由此可见，由于水的溶解作用形成洞穴和水的沉积作用形成钙华及钟乳石等，这主要是水中二氧化碳的"溶解—释放"系统平衡作用的结果。

在雨水降到地面，又从岩石各种缝隙渗入到岩层深处并在运移的过程中，通过大气、土壤、腐植质等各种介质，同时获得二氧化碳，并对所接触的可溶性岩石表面进行溶解，一直到饱和至过饱和状态为止。当水中二氧化碳逸出时，水溶液中的碳酸钙又沉淀下来。碳酸盐岩的溶解及沉积作用的化学反应过程如下：

$$CaCO_3 + H_2O + CO_2 \rightarrow Ca^{2+} + 2HCO_3^-$$
$$Ca^{2+} + 2HCO_3^- \rightarrow CaCO_3 \downarrow + H_2O + CO_2 \uparrow$$

园区内发育寒武—奥陶纪海相沉积的灰岩、白云岩，不同方向的节理裂隙发育，岩石既具可溶性，又有良好的透水性；区内植被（树木、杂草）发育，水中溶解大量的CO_2，地下水流动性好，有利于岩溶作用的发生和溶洞的形成。

1. 落水洞、漏斗

区内裂隙发育、密集，主要有两组，一组走向105°～120°，一组走向15°～30°，皆近直立，裂隙率最密处0.8条/米，地表水沿这两组裂隙交汇部位渗透溶蚀、侵蚀，天长日久，就形成了落水洞、漏斗。

▶ 地下暗河
▶ 石幔

2. 水平溶洞、地下河、干洞

地下水在地下水平运动中不断扩大水流通道或地下水储存的空间，经过百年、千年，甚至十万乃至百万年的漫长地质岁月，便在岩层中形成各种形态的洞穴，以至规模很大的地下河。

后来由于构造运动地壳抬升，洞穴脱离地下水面，变成现在的干洞，也叫化石洞穴。

3. 钟乳石、石幔、钙华

第二个反应过程说明，当溶解有碳酸盐的地下水从岩层的裂隙中流出时，由于水体环境（温度、压力、微生物等条件）变化，造成二氧化碳逸出，于是水溶液中的碳酸钙便沉淀下来，生成钟乳石、石笋、石柱、钙华等洞穴沉积。

地下水在洞顶渗出，天长日久便可在洞顶形成悬挂的锤状沉积物—石钟乳；地下水滴至洞底，就可形成向上生长的笋状沉积物—石笋；当石钟乳和石笋连在一起时形成石柱；以上统称钟乳石。当地下水沿洞壁渗出时，就可形成帷幕状的沉积物，称为石幔。

4. 洞穴差异的原因

第一个反应过程只是洞穴形成的机理，那么洞穴为什么千差万别呢？下面就一种理论模式来说明岩溶洞穴空间的扩展。运动在碳酸盐岩中的水从上至下可分为：包气带、季节变动带、浅饱水带和深饱水带。每个带地下水运动方式的不同，也就形成了各自不同特点的洞穴。

包气带（又称渗流带、垂直渗入带）是从地表到最大丰水位地下水面以上。大气降水和部分地表河水通过溶孔、溶隙渗入地下，逐渐扩大成落水洞、落水坑。落水洞扩大后，地面就出现一个个小盆状的洼地，叫做"圆洼地"、"漏斗"等。这样地面上的流水大部分集中到这些洼地中去，下渗到地下深处。地表水变成地下水，并作垂直下渗运动，故称为"垂直渗入带"，但是这里并不是经常有水的，故有称为"包气带"。包气带内主要形成垂直性溶洞穴、落水洞、漏斗等洞穴。

再往下的一带称为季节变动带（或交替带）。丰水季节，地下水水位上升,枯水季节时地下水面下降,变动带范围在最高丰水位线和最低枯水位线之间。地下水流动是复杂的,旱季时称为包气带,水流是垂直向下的,丰水时成为饱水带,水流呈水平流动,有季节性变化。这一带是洞穴生成的重要部位,既有垂直性洞穴,又有水平洞穴发育。

在常年地下水位以下称为饱水带(或潜流带)。这里经常有地下水,是不通气的积水带。地下水主要沿水平方向流动。根据埋藏的深度,它又可分为浅饱水带和深饱水带两部分。浅饱水带(或水平径流带)也是洞穴积极发育地带,大部分沿水平方向。在没有潜水工具的情况下,人是不能进入这一带洞穴的。深饱水带是地下水面更深处,这里的水流以非常缓慢的速度流向深处。在地下深处,也可以发育一些规模不大的岩溶孔隙和洞穴。

石林、溶沟、溶盘、溶痕

1. 石林、溶沟

溶沟和石芽分布于地表,是地表水(片流)向地下水转化的过程中溶蚀地表岩石而形成的沟、槽和脊状突起。由于地表凹凸不平或受裂隙影响,在凹入的地方片流的流量较大,流速快;而在突起的地方流量小,流速慢。因而产生不同的溶蚀速度,溶蚀速度大的地方产生凹入的槽、沟,而溶蚀速度慢的地方形成突出的脊。确切地说,溶沟、溶芽是地面流水和地下水共同作用的结果。如果灰岩的层理水平,又发育有垂直的裂隙,在地表流水和地下水沿裂隙溶蚀的作用下,使溶沟加深,石芽增长,就可形成巨型"石芽",成为石林。

2. 溶盘

溶盘是在石灰岩表面的小型封闭状溶坑。当石灰岩表层少凹处有腐殖土时,腐殖土所产生的生物二氧化碳及有机酸不断向下和四周溶蚀,经过漫长的岁月,形成了现在底平、四周光滑的圆盘状的溶盘。

封闭洼地

封闭洼地是指四周环山或丘陵,没有地表排水口、直径数米至数百米的小型负地形,是岩溶地区最有特色的地表个体形态。它既可在热带、亚

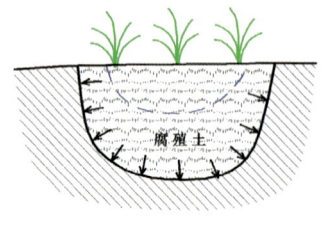

表面水平岩石

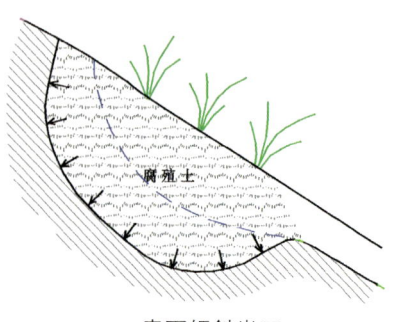

表面倾斜岩石

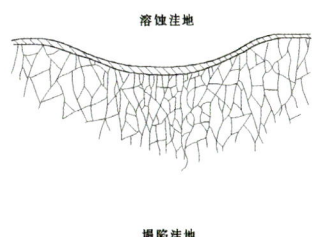

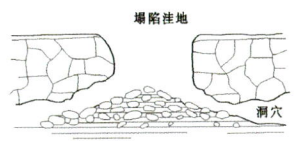

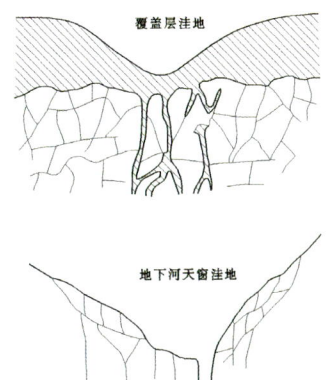

热带,也可在温带或更寒冷的条件下发育,但必须是在比较潮湿的有足够的雨水或雪水的环境下才能形成。在干旱条件下或以暴雨形式出现的半干旱条件下,水分没有足够时间向地下渗透,所以很难发育封闭洼地。

封闭洼地的出现,标志着有地下排水网存在,但它们不一定是地下河。按照洼地及其有关的地下排水网的不同情况,可分为溶蚀洼地、覆盖层洼地、塌陷洼地和地下河天窗洼地四类。

天生桥及坍塌崖

天生桥是古溶洞在后来的构造运动中顶板发生坍塌的结果,坍塌后的残余部分就形成了现在我们看到的天生桥奇观。

◀ 溶盘发育过程示意图(虚线表示初始形态,箭头表示生物、CO_2侵蚀方向)
▲ 封闭洼地形成过程示意图
▼ 封闭洼地

坍塌崖是山体垂直裂隙节理发育，裂隙几乎平行且密集，流水不断沿裂隙溶蚀侵蚀，使裂隙逐渐扩大，发生坍塌脱离基体而形成。

高山湿地

湿地与森林、农田、草地等生态环境一样，是地球上生物多样性丰富的生态系统，被称为"地球之肾脏"。在仰天山顶封闭洼地中东部地带，海拔高度在750米以上，地下水沿风化层潴留，形成沼泽湿地，盛长喜湿性植物芦苇，具有江南芦苇荡的韵致。

山泉的形成过程

泉是地下水的天然地表露头，当含水层及含水通道被揭露于地表时，地下水便涌出形成泉。崮山组泥质灰岩、马家沟组东黄山段泥质白云岩及辉长辉绿岩都具有隔水作用。

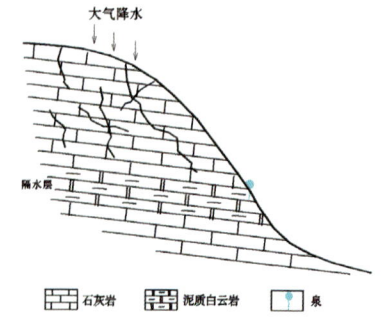

▲ 山间流水

▲ 山泉的形成示意图

旅游资讯

行住吃游购娱

行

青州位于山东半岛中部,是潍坊西部的交通枢纽,交通发达,有胶济铁路横贯东西,西距济南150千米,东距青岛240千米。公路方面,有济青高速公路和东青高速公路。另有309国道、济青公路和羊临公路等。形成了城乡一体、纵横交错的交通运输网络,是全国交通之要津。

外部交通
航空交通

青州距济南遥墙国际机场约120千米,距青岛流亭机场和青岛港210千米,距潍坊南苑机场55千米,开通至北京、广州、上海、哈尔滨、深圳、郑州等国内大中城市的航线。

公路交通

青州地理位置优越,交通四通八达,是山东中部重要的交通枢纽和物资集散地。青州交通便利,济青高速公路贯穿东西,在青州设两个出口,东红高速连接南北,309国道、胶王路、青垦路、羊临路、荣兰路等主要公路干线路途经青州。

铁路

青州抵济南、青岛两个国际机场中间。交通发达,有胶济铁路和新建的胶济客运专线横贯东西,在胶济客运专线上新建的青州北站有旅客列车29对之多,其中济南到青岛的动车组有8对,可以乘坐动车组到达北京、上海、南京、苏州、济南、青岛等各大城市,是全国动车经停最多的县级车站之一。西距济南150千米,东距青岛240千米。另有地方铁路益羊铁路和青临铁路连接渤海与鲁中山区。

内部交通

云门山位于潍坊青州市南,旅客到达潍坊后,可在汽车站乘坐潍坊至云门山的直通旅游巴士,票价10元,每天流水发车,旅游旺季还有增发车辆,非常方便。也可在汽车站乘坐潍坊至青州的巴士,

青州市长途汽车客运时刻表

发车站	终点站	发车时间	备注
青州	济南	05：45-18：00	淄博；上午每隔20分钟一班/下午每隔40分钟一班
青州	临沂	05：55-18：00	临朐、沂水、马站、大庄；每40分钟一班
青州	寿光	06：00-18：00	刘胡同、口埠；每10分钟一班
青州	仰天山	06:30-17：30	王坟；每15分钟一班
青州	宋池	06：30-18：00	郑母、赵坡；每10分钟一班
青州	何官	06：40-18：00	直达；每20分钟一班
青州	蓬莱	06：50 13：20	寒亭、昌邑、莱州、龙口
青州	威海	07：00	潍坊、平度、莱阳、烟台、车道
青州	东营	07：00-17：00	广饶大王；每40分钟一班
青州	徐集	07：00-17：30	直达；每30分钟一班
青州	苏屯	07：00-18：00	刘胡同；每20分钟一班
青州	青岛	07：10	潍坊
青州	滨州	07：15	广饶
青州	曲阜	07：20	临朐、沂源、泰安
青州	莒南	07：25	临朐、沂水
青州	黄岛	07：30	高密、胶州
青州	上林	07：30-17：00	黄楼、龙岗；每60分钟一班
青州	天津	08：00	滨州、无棣；本班次自临朐发车
青州	西股	08：40 09：30 11：30 14：30 15：30	王坟
青州	连云港	09：00	临沂；本班次自寿光发车
青州	南京	09：30	临沂、淮安、江阴；本班次自寿光发车
青州	东里	12：00	临朐；本班次自寿光发车
青州	莒县	12：25	临朐、沂水
青州	烟台	13：20	直达；本班次自临朐发车
青州	日照	13：30	直达；本班次自临淄发车
青州	北京	16：00	寿光、滨州、无棣、天津

票价8元，也是每天流水发车，到达青州汽车站后再乘青州到云门山景区的客车前往，也可在青州市区打车前往。

出租车

出租车起步价4.5元，之后每公里1.5元。注意事项：带好随身物品，过路过桥费自己承担。

公交

一般首末班时间6：00-18：00，一般价格1元，买票方式：投币、人工。

住

青州市地处山东腹地，交通四通八达，十分便利，市区内遍布高中低各档宾馆，条件较好。拥有星级酒店12家，其中五星级2家，四星级酒店4家，三星级3家，二星级3家。

青州贝隆花园大酒店是由齐鲁石化建设有限公司兴建的五星级酒店，以纯现代中式园林结构建造的，集旅游、休闲、度假、会议于一体的高档星级酒店。

客房包括标准间、高级间、商务楼层高级间、套房、商务套、行政套、豪华套、总统套和公寓，充分满足客人的不同需求。客房内设施齐全，所有房间均配备中央空调，24小时热水，独立的卫生间，宽带上网。

酒店拥有中餐厅、西餐厅、风味餐厅、日式茶室、贵宾包间五个组成单元，各具特色又相得益彰，可满足不同口味客人的需要。完善的会议设施包括贵宾会议室、专业会议室等，并配备先进的视听设备和多语种同声传译系统。

酒店为了打造一个全新高档娱乐场所，不惜重金引进国外先进技术，建成模拟式高尔夫球场，堪称酒店一大特色。独具匠心的游泳池，古典唯美的康体中心，现代气息浓郁的夜总会、卡拉OK、酒吧一应俱全。

青州宾馆饭店推荐

青州银座佳悦酒店	青州市海岱中路3999号（凤凰山路和海岱中路交汇处）
青州贝隆花园大酒店	青州市云驼山风景区
青州青都国际大饭店	青州市驼山中路3888号（近青州市博物馆）
青州盛宏国际假日酒店	青州市尧王山西路与衡王府路交口东南角
青州颐寿山庄	青州市云门山风景区
青州乐万家商务宾馆	青州市新汽车站向西100米路南
青州魏仕国际大酒店	青州市经济开发区火车站南800米（海岱北路1299号）
金冠大酒店	青州市黄楼镇老镇政府所在地（黄楼镇医院西邻）
青州良通商务宾馆	青州市尧王山西路320号（近盛宏假日酒店）
青州三生商务酒店	青州市玲珑山中路1499号兴隆大厦
青州宾馆	青州市范公亭西路1915号
青州林海大酒店	青州市云门山南路2408号
将军山庄	青州市玲珑山南路7399号
海龙大酒店	青州市火车站西街368号
秦老三7+体验式宾馆	青州市青州中路中都财富广场A座
青州吉星商务宾馆	青州市范公亭东路2789号
青州王府果园宾馆	青州市玲珑山南路3909号
范公亭宾馆	青州市范公亭西路198号
青州商会大酒店	青州市云门山北路1458号
青州北苑酒店	青州个体经济开发区
南山大酒店	青州市南环路398号
青州蓝天商务宾馆	青州市新汽车站西200米
富月东阳大酒店	青州市尧王山东路438号
青州大草原宾馆	青州市南环东路与东方南路口东
青州印象商务宾馆	青州市云门山北路
仰天山桃花坡度假村	青州市仰天山国家森林公园
良通商务宾馆	青州市尧王山西路320号
金海林大酒店	青州市经济开发区王桑路口
青州喜尊客商务酒店	青州市云门山北路289号
青州万荷酒店	青州市海岱南路1669号
捞福来大酒店	青州市经济开发区时代一路

吃

青州是一个多民族居住的地区，饮食习惯生活方式各有传统，汉族的风味小吃有青州煎饼、青州夹河驴肉、庙子全羊、葱油饼、软枣面条；满族的风味小吃有酸白菜、双烤、白肉血肠、萨其玛、太阳糕、乌塔、酸梅汤、刚嘣、光头；回族风味小吃有油香、芝麻片、蜜食、绿豆糕、油茶、油炸糖糕、大米黏粥、烧饼、羊蹄、老汤牛肉、熟羊肉、炸糕、糗糕、汤面包子。

青州煎饼

青州人摊制的煎饼，薄如纸张，色如蛋黄，味道甜丝丝，香喷喷。青州煎饼用五谷杂粮煎制，上等的用70%的小米，30%的大豆，呈金黄色，柔软、劲道、香馥、不散口。生活在西南山里的人们，喜欢把做柿饼时削下来的柿皮等加进粮食内，磨制成煎饼，更是别有风味。另外，青州煎饼还有一种叫"酸煎饼"，将磨糊发酵到微酸，加上适量的食盐，加工而成，具有味酸质嫩，可口开胃的特点。

青州菊花全蝎

炸全蝎是山东青州地区传统名菜，配以干粉丝，经热油炸发，形同菊花，上摆炸全蝎，故名"菊花全蝎"。成菜全蝎呈黄褐色，配以清白的菊花，造形美观，食之酥香可口，为佐酒佳肴。

全蝎为名贵中药，富含蛋白质等营养成分，有祛风止痉、通筋活络之效，常用治中风偏瘫、口眼歪斜、眩晕头痛、四肢关节及腰腿疼痛等症。山东淄博一带自古已有以炸全蝎入馔的记载，清代著名文学家，《聊斋志异》作者蒲松龄就以炸食全蝎为滋补身体、延年益寿之常品。当地山区盛产全蝎，年产量为20吨左右，每年的清明至谷雨前后为全蝎的收获季节，肥而质优。

青州夹河驴肉

夹河驴肉制品加工区域以加工驴肉而闻名，有

着几百年悠久的历史。成品后的驴肉色泽红润，瘦而不柴，烂而不松，浓香四溢，具有保健功能，享有"天上龙肉、地上驴肉"之美誉。

明朝由藩居青州的衡王带入宫中遂成为朝廷贡品，

于是闻名遐迩，被誉为"青州府第一名吃"。后来随着历史的发展，"夹河驴肉"成为青州地方名吃，在省内外有着一定影响。

白肉血肠

原先这种肉食为祭祀供品，即杀完猪后用猪血加佐料灌肠，再放入水中煮熟，祭祀后用刀切片分食。白肉是刚宰杀的新鲜猪肉，用清水炖煮，不加盐和酱油，保持其猪肉的本色，故称"白肉"。白肉是否鲜嫩好吃，首先在于选猪。满族祭祀必须是纯黑色的公猪，而且必须是骟过的，这种猪吃起来鲜嫩，富有营养。猪宰杀后刮毛留皮分成八大块。先供生，后供熟，然后切成片，盛入盘内，蘸酱油和调料食用，其味鲜美可口。因为它先敬神敬祖故称"福肉"，满族语叫"阿木孙肉"。

青州酥饼

系有特制的脂烙酥而得名。脂烙酥用上好的猪油，拌以适量蒸好的面粉，化油时加适量花椒、桂皮，油化后剔出已炸酥的花椒、桂皮，再和面成馅。火烧皮用香油和面，包制好入炉，用文火烘烤而成。其特点是皮酥，瓢有异香而不腻。

北城满族火锅

满族火锅是我国比较古老的一种传统风味名菜。也是清朝宫庭中冬季常用佳肴之一。

满族火锅由于用料多，调料全，味道鲜，容器形状别致，盘碗摆列美观，吃时席间独具一种热烈融洽的气氛，因而深受欢迎。火锅原料一是极薄的猪肉片，二是牛肉、羊肉、海鲜等，三是蔬菜、酸菜、粉丝、冻豆腐等，四是以芝麻酱、韭菜花、葱蒜姜末、腐乳、芥末、食盐、味精等为佐料，吃时由个人任选自配。

青州鹿尾儿

鹿尾儿是一种满族小吃，形似灌肠，用料有鲜猪肝、生鸡蛋、海米、肥肉丁。制作时先把鲜猪肝剁碎再加上鸡蛋、海米、肥肉丁用高汤和粉团搅成糊状，灌入肠衣内，下锅煮熟、晾干，然后用油炸。吃时切成片，鲜嫩松软，别具风味。鹿尾儿不能整片吞嚼，只能用筷子蘸着吮，才能品味到

它的醇香。

庙子全羊

庙子全羊起源于清代，经历代厨师发掘创新，无论菜品特点，还是烹调技艺，都已使全羊宴有了自己的风格。"全羊宴"是把羊的躯体和内脏的不同部位，用不同的烹调方法，做出色、形、味、香各异的各种菜肴，并冠之以吉祥如意的名称，虽系全羊，却无羊名。如龙门角、采灵芝、双凤翠等，一只羊做菜80多种。在制作上，刀工精细，调味考究，炸、溜、爆、烧、炖、焖、煨、炒，醇而不腻，具有软料、清淡、口味适中、脆嫩爽鲜等特点。选用羊身各个部分做成的全羊汤，酸辣麻香，清素不膻。用眼、耳、舌、心等做成的明开夜合、迎风扇、迎香草、五福玲珑、

八仙过海等菜肴，质脆而嫩，味美形奇，各具特色。上菜程序上先凉后热，先羊头后羊蹄，中间上素菜。

软枣炒面

软枣也称黑枣，是青州南部山区的土特产之一。首先将软枣清洗干净后去核。然后将小麦淘洗干净，放在太阳下晾晒干燥。再选少部分黄豆。准备就绪后，生上灶火，在热锅中，分别炒小麦和黄豆。小麦炒至泛黄，有些爆花的程度，黄豆炒至放香，豆脐处呈显出开裂状即可。将小麦、黄豆在碾盘上轮番碾压，用细箩一遍遍地筛成细面。然后把细面与软枣掺合在一起，在碾上慢慢碾压。由于软枣油软发黏，经过碾压后，形成一块块大如巴掌，小似茶碗口儿大小的饼状，白中带黄的，平铺在碾底上。拣起来后一层层地叠放在一块，吃起来又香又甜，十分可口。

太阳糕

满族有个传说，农历二月初一是太阳的生日。这天人们要用米粉做成太阳形状的糕。另外，糯米面捏十二只各种颜色的小鸡，围绕着太阳作金鸡报晓之状，孩子们除了吃太阳糕，还可以玩小鸡，以示给太阳过生日，后来便有了以糯米粉做的甜食——太阳糕。

萨其玛

满族的名点，传说是一名满族将军流传下来的。因为他喜欢甜食，好打猎，为了携带方便，便制作了这样一种糕点。做法是把蒸熟的米饭，放在打糕石上用木锤反复打成面团，然

后蘸熟黄豆面搓成条状，用油炸，然后切成块，再洒上一层较厚的熟黄豆面即成。从前满族用它做供神用品，称为"打糕穆丹条子"。

后来，用白糖代替了熟黄豆面，便成了"糖缠"，更名萨其玛。现在的萨其玛以鸡蛋和白面为原料，做成细条，过油煎炸，再加入蜂蜜、白糖、瓜子仁，成为金黄色糕点。压切成块后，糕面上洒上青红丝，其形美观，其味香甜可口。还有一种面加红糖，艳如芙蓉的萨其玛，于是又有了一个漂亮的名字——芙蓉糕。

油香

油香是回民的传统食品，相传元代从古波斯的布哈拉和赤思法罕传入中国。色红质软，味美醇香。其制作方法是：将用开水烫过的面、发酵面和干面，适当搭配均匀，做成圆饼，用香油、花生油放在油锅里炸熟，但一般不叫"炸"而称"下油"。回民做油香一般要请年长和有经验的人掌锅，下油前要把大锅洗干净，衣着清洁，不宜喧哗，不准非穆斯林者观望。种类有：咸油香、枣油香、柿子油香等。回民把油香视为珍重的食品，不得随便丢放或轻易送人。

烧饼

回民传统制作的烧饼，芝麻去皮，正面浅棕色，外焦里嫩，吃起来又酥又软，有特殊的香味。如果夹上熟牛肉或油条更为可口。五十年代最有名的烧饼铺数东关的张万贵与城里的丁凤友两家。那时候的烧饼炉，是用大缸紧靠墙壁架起来，缸口朝外，四周砌以土墼，缸下面烧无烟木炭火。烧饼贴在上面，传热和缓均匀。烧饼正面烤熟焦黄之后，底面仍有一定水分而保持软嫩。现在的烧饼炉，改用了铁板，传热快，底面一起熟，只有酥而不嫩。

蜜食

也称蜜三刀，枣红色，是在正面切三条刀痕而闻名，是用精粉、蔗糖、糖饴，经过油香炸制、灌浆等工艺而成，色泽光滑油润，口感酥软，中间含

以浆汁,咬开后,顺口流出,倍感香甜。

羊蹄

羊蹄经过开水退毛、烤燎后,挂在通风处,自然风干,完全去掉水分,像干柴一样,然后储藏起来。等进入腊月后,放水中浸泡,使其吸收水分,逐渐还原,并反复换水洗净,下锅煮烂、凉干,待正月初一春节吃。它烂而不腻,不膻不腥,口感劲道,香味特殊,不仅是人们喜欢的食品,也是春节正月馈赠亲友的礼品。煮羊蹄的汤冷冻后,呈胶状,有弹性,叫"羊蹄汤",加醋、香油、蒜调拌后是下酒的佳肴。

糗糕

是用黍米加大枣及花生仁等煮成的。稠于粥而黏,吃起来黏而甜,有特殊的米香味,是回民过生日、迁新居、新婚后的三日及小儿百岁必备食品。既是一种美食,又与"高"偕音,象征着高升、高寿,含有吉庆的意思。一般米糕都是经过蒸制而成,糗糕则是经过水煮和不断搅动而成,所以人们把搅动叫做"糗",习惯地称其为糗糕,以区别于其他糕类。

汤面包子

是用七成烫熟的面粉再和以生面做皮,加牛羊肉馅做成的蒸包。皮薄面软,有透明感。馅成丸状,一边吃一边流汤,别有风味,一般是上街叫卖,供晚餐或夜宵,现在已不多见了。

烀糕

烀在有些方言是"贴"的意思。烀糕的做法是在略小于锅口的篦子上先铺一层和好的黄米面,然后再铺红枣、豇豆等,上面再盖一层黄米面,放在锅内蒸,四周靠在锅边上。等糕熟后,周围靠锅边的地方,烙上焦黄的硬边。吃起来中间是黏的,靠边部分是硬的,红枣和豇豆又松软又香甜。多半在秋冬季食用,宜热吃。

游

青州名胜荟萃，风光秀丽，有着悠久的历史和璀璨的文化。云门山摩崖巨"寿"名扬天下，驼山北周佛教石窟造像为华东之最，玲珑山北魏郑道昭书法题刻饮誉海内外，龙兴寺遗址窖藏佛像为1996年全国十大考古发现之一。青州地质公园内集中了几乎所有的宏观地貌形态，其中峰林地貌、天生桥、石林等地貌形态在华北岩溶地区极为珍稀。

一、普通旅游路线

1.神奇天缘谷、梦幻黄花溪一日游

青州黄花溪风景区，以"峭壁、峡谷、飞瀑、溪流"为特点。天源谷内儒释道三家汇聚。

乘车赴青州庙子镇泰和山，欣赏三叠瀑流水潺潺，领略临泽湖波光淋漓，水帘瀑内别样美，女儿泉水甜又香，2000米回转栈道，临溪观鱼，大自在岩上得自在，黄花溪泉水汇溪流。曲径通幽流泉处，含苞待吐烂漫时，风景黄花溪，风景美不胜收。后游览国家AAAA级景区——天缘谷风景区，影像山、三瞪眼、洼峪坡、迎门山、将军帽、三角山、中军寨等三十多座山头，方圆100多平方千米。天源谷内儒释道三家汇聚，比南山大佛还要高14米的弥勒佛像。文庙背山汇水，庙内气势宏大，孔夫子万世之师，光照千古。泰和寺，香火旺盛，禅院清幽，藏经楼古朴典雅，半山佛、卧佛营造出泰和山神秘奇异的独特风景，让你流连忘返。

2.仰天山、黄花溪、泰和山金秋摄影自驾游线路

自驾游线路：凤凰山路—G81县道—龙兴寺—驼山风景区—G81县道—石虎隧道—西逢峪—王坟镇—仰天山路—白洋口—文理—仰天山—上仁河—下仁河—杨集村—三角地—唐

庄—泰和山风景区

沿途景点：驼山—龙兴寺—柿子沟—仰天山—岸青大峡谷—三角地—黄花溪—泰和山—神仙门—红叶谷

线路特色：这条线路沿途每一个景点都是游客经常光顾的地方，春天它是经典的踏青线路，夏天它是经典的看水线路，在金秋时节里，无论是采摘休闲，还是高登眺远，无论是丹青泼墨，还是镜头定格，这条线路都美轮美奂。

3. 青州驼山、云门山、劈山、九龙峪骑行线路

骑行线路：凤凰山西路—G81县道—驼山—桃花谷—寇家河—颐寿路—望寿路—云门山—云门山南路—广福寺路—广福寺—广福寺路—海岱路—S233省道—九龙峪

沿途景点：驼山—龙兴寺—桃花谷—甲子文化园—云门山—广福寺—九龙峪

线路特色：只要骑着自行车一踏上这条线路，古老的名胜古迹、深邃的佛道文化就会一路伴随着你，桃花谷的柔美、云门山的挺拔、劈山的粗犷和九龙峪的绚丽，也会伴随着你的车轮的旋转，纷沓而来，并在你的眼前，展开它们风格迥异、色彩纷呈的画卷。

4. 青州东夷文化广场、花博园、弥河生态园骑行线路

骑行线路：凤凰山东路—东夷文化广场—仙客来南路—花博园—南环路—弥河大桥—弥河生态园（弥河文化旅游度假区）

线路特色：概括而言就是"看山、看花"，所谓看山，可以爬到山顶上看，也可以站在山脚下看，东夷文化广场就是这样一个可以在山脚下看山的好地方。

就青州而言，看花的好去处非花博园莫属，园林中的花草和自然中不一样，虽然缺乏那种天然去雕饰的韵味，却赋予了一种典雅、精巧的气质。

弥河是流经青州最长、最大的河流，它的两岸就是一幅"悠悠弥河水，湿地花滩路"。的风情画，有着"山水花乡、海岱雅乐"的立意构思，有着芦影荷塘，野鸭嬉戏，白鹭纷飞的水乡情趣。

5. 青州仁河冬季冰河、冰瀑观赏自驾游/徒步游线路

自驾游/自助游推荐线路：凤凰山路—五里堡—S325省道—辛店子村—西大王堂—史家店—牛角岭—北后峪—黄鹿井—曹家庄—殷公井—北李

家村—北富旺—泰和山景区—圣峪口（黄花溪停车场）—唐庄—三角地—杨集

二、徒步线路：杨集—大岭—下仁河—上仁河

线路特色：仁河是青州西南山区的主要河流，发源于杨集乡的上仁河村，向西北经庙子镇汇入淄河。仁河流域支流众多，山川俊秀，著名的黄花溪早已声名远扬。冬季沿仁河而上，夏日里奔腾的河水，欢快的溪流，都在这一刻恢复了宁静，在两岸满山枯黄的衰草中，犹如一条条洁白无瑕的哈达。山谷间，凝固的泉水，依然保持了喷涌的状态，山崖上，层层的冰瀑，依然保持着飞泻的气势。最有意思的是崖壁洞穴中的冰凌，争奇斗巧，变化万千，洞壁上涌出的点点水滴，还未滴落就已凝结成冰，恍若是一丛丛冰清玉洁的钟乳，让人拍案叫绝，大呼神奇。

购

青州特产有弥河银瓜、隆盛糕点、青州蜜桃、青州柿干、青州烤烟。其中青州蜜桃久负盛名，为历代贡品；敞口山楂质优价廉，畅销全国；青州柿干肉甜霜厚，驰名中外。此外，青州红丝砚是全国四大名砚之一。

青州柿干

青州柿干栽培历史悠久，出口已有百余年历史。青州柿干质地柔软、肉质细嫩、霜厚均匀、维生素含量高，其色、香、味、形俱佳，营养丰富、味美香甜、耐贮运、品质佳，备受消费者青睐，特别是日本、韩国客商，每年都点名进口青州柿干。主要树种有"大萼子"、"小萼子"，其树抗旱、抗寒、耐瘠薄，单株产量高、经济效益显著，产业化开发前景十分广阔。

青州弥河银瓜

青州银瓜是甜瓜的一个品种，有"瓜中佳品"的美称，因皮色银白而得名。青州银瓜呈长圆筒形，柄部稍长，长六寸左右，果面有纵沟，中部凸起成棱，脐部稍大。成熟时瓜皮略呈乳黄色，瓜肉白嫩，含糖量一般在8%～15%。

青州弥河银瓜主要产区在流经青州市的弥河沙滩。具有表皮洁白、个大、肉脆、味甜、香气浓郁的特点，早在乾隆年间，就被选为贡品。

青州市恰好处在泰沂山脉和渤海冲积平原的交接部位上，境内"半山半洼"，河渠纵横，几十里的弥河两岸，有大面积的白沙滩。这种沙滩白天光照强，气温高，能促进瓜叶的光合作用，创造较多的养分；晚上气温低，瓜叶呼吸减慢，又便于积蓄养分。从而形成了青州银瓜一甜、二香、三脆的独特风味。同时也是青州银瓜含糖量高的主要原因。

青州山楂

青州所产的山楂富有多种营养物质,被誉为"食疗佳品",既可鲜食、又是食品加工业的重要原料。青州山楂种类繁多,以"敞口山楂"品质最佳,为青州市山楂的代表品种。距今已有500多年的栽培历史。其果实之大,品质之优,产量之高,在省内数一数二,在全国也名列前茅。果实近圆稍扁,顶部具有五棱,果面鲜红或鲜枣红,披腊光,果实顶部有散生黄白色小果点加以点缀,更加秀色。山楂果肉粉白至粉红,肉质紧密,味酸稍甜,品质极上。

隆盛糕点

隆盛糕点是根据伊斯兰教的饮食习惯而制作的。"隆盛"商标始创于清道光绪年间,隆盛糕点集古今青州清真糕点之精华,产品基本上是京式和苏式品种,选料纯正考究,天然要求十分严格,生产严格按祖传工艺和配方进行,从而保证了隆盛糕点制作精细,香甜可口,油而不腻,保质期长等特点,深受广大顾客欢迎。

青州蜜桃

青州蜜桃是青州市名优果品之一。栽培历史悠久,品系繁多,它以晚熟、肉细、味甜、色艳、较耐贮存而著称,历代被列为贡品。青州蜜桃成熟于9月下旬到10月上旬,时值秋末冬初,其他品种桃早已下市,其独占鳌头,且果色浓艳,果肉丰满,质脆而甜,使人望而生津。青州蜜桃不仅营养丰富,味美香甜,而药用价值也很高,其根、皮、叶、花、仁皆可入药。

青州红丝石砚

青州红丝砚作为中国砚林中的瑰宝,也是青州人的骄傲。自古至今,红丝砚以其雍容华贵、艳丽高雅的王者之美,倾倒了历代的文人墨客、王侯将相。

红丝石砚产自青州城西40里的黑山,黑山顶峰有一个不显眼的洞穴,洞口的石壁上刻有"红丝石洞"四个大字。洞内生产一种石头,色如晚霞,丝如鸡血,坚而不脆,硬而不滑。用手一握,像有温柔的感觉。轻轻一敲,则发出清脆的响声,更是妙不可言。

娱

> 青州文化底蕴深厚。由于历史的原因,使青州成为回、汉、满、蒙等各民族杂居地。各民族和谐相处,在保留着固有的民族文化传统和饮食习惯的同时,民族间文化交流互融,创造了青州独特的地域文化特征。

青州民间器乐曲《龙虎斗》

明朝至今,在古城青州,就流传着器乐曲《龙虎斗》。《龙虎斗》原为管弦与锣鼓合奏乐曲。乐曲传到民间之后,因管弦乐器及其演奏较为复杂,又因锣鼓打击乐器与演奏相对简单,打击乐曲又可独成体系,因此,管弦曲便被删除,而由锣鼓曲单独演奏,并流传至今,且保存完整。在青州市公布的首批非物质文化遗产名录中,《龙虎斗》名列其中。

《龙虎斗》所用打击乐器为:鼓、锣、大跋、小跋、手锣等。手锣充当指挥之任。采用南音乐器配合锣鼓,有时"清唱"小曲,以儿童为主唱者,往往采用轮流对唱的形式,别具一格。乐队的主要标志是在一只雕刻古雅的长型鼓架上放置通鼓和小鼓各一面,由两个人扛鼓而行,司鼓者横进边打两面鼓,有时还兼助唱指挥,气氛昂扬高吭,被誉为"龙虎斗"。

《龙虎斗》器乐曲极具文学意境,旋律优美,变化丰富;配乐巧妙,富有表现力;乐句酣畅淋漓,气氛昂扬激越,表现出鲜明的形象性与动作感,具有强烈的艺术感召力,既引人入胜,又动人心弦。它激昂的旋律,磅礴的气势,始终营造着令人振奋的艺术氛围。故此,《龙虎斗》的旋律,青州无人不熟悉,无人不喜爱,同时又百听不厌。

青州挫琴艺术

挫琴由青州市赵兴堂老人世代传承。挫琴是一种流传于我国古代的形制独特的乐器,由琴面、琴底、琴头、琴尾、琴岳、琴码、琴轴、琴弦及琴弓组成。挫琴琴身呈"正半管状",琴面弧度约为150度,每隔10度

一个琴码,共13个琴码,26根琴弦,每个音级双弦发音,以传统的五声音阶定弦。琴弦用丝弦,琴弓用高粱秆顶端两节制成。挫琴的演奏技法独特,利用擦弦或击弦而发声。右手"执弓寻弦"的同时,左手腕转动带动琴身以"送弦迎弓",既可独奏,也可合奏。挫琴音质:低音区粗犷厚实,稍带沙音;中音区优雅柔静,含蓄优美;高音区音质清脆,做拨弦演奏时,音色清脆响亮。

青州桃花节

青州桃花节是由青州市委市政府主办,云驼风景区承办的盛大节日。青州桃花节创办于2001年,青州市通过"整合资源、市场运作、全民参与、综合提升"的办节理念,已经成功举办了九届桃花节,桃花节每年4月10日—5月10日都在云驼风景区举行,节会时间长达一个月,是青州时间跨度最长的节会。

青州桃花节作为综合性、多样性、多品种的旅游产品,已成为当地仅次于青州花博会的旅游品牌,届时云门山、驼山将举行大型登山比赛,同时还将会有万人玫瑰之约、民俗民风展、浪漫桃花摄影展、四方美食周、泼墨桃花会、民间喜乐会、千米山地车公路赛等一系列精彩活动,活动内容涉及旅游、文化、体育、美食、民俗、会展、商贸等各个方面。

仰天山槐花节

仰天山槐花节是青州市结合仰天山的地质特点、气候条件和植被特色,举办的一个旅游节会。

仰天山是鲁中山区一处重要的旅游景点,是世界上最大的山顶平原,旅游资源丰富。这里不仅拥有世界最长的回音壁,也拥有华东地区物种最丰富的天然森林。惊险的盘山公路,幽深的地下峡谷,到处充满了无尽的诱惑,一直以来,这里就是旅行者和探险者寻求刺激的理想之地。

仰天山的槐花有着特别的品质,它绽放在仰天山山顶的高山盆地中,因为地处800米高山盆地,这里气温较山外低7℃左右,所以花期较外地晚20天,而且面积达到3000亩,形成了非常独特的山顶森林景观。

槐花节不仅有传统的欣赏槐花、品尝槐花美食等项目,还推出了仰天山土特产品购物活动,在山顶上可购到天然鲜槐花、槐花蜜、活山蝎、甜杏仁、山酸枣、灵芝、鲜野菜、山草药等纯天然土特品。

青州节庆活动

五马日

正月初五俗称"五马日",因旧传岁占有:一鸡、二狗、三蚕、四麦、五马、六羊、七人、八谷、九果、十菜之说而得名。这天早饭要吃水饺,燃放鞭炮,以示年气结束,生产活动转入正常。

青龙节

农历二月初二,俗谓"龙抬头",亦称"青龙节"或"龙头节"。唐代之前,二月二不算令节,中唐时此日始有挑菜、迎富、踏青等活动。宋末元初,二月二又联系节气"惊蛰",增加了龙抬头的内容,并逐渐演变成以驱虫害和祈丰收风俗为主的节日。明清以来,青州地区在这天有引龙、打囤、煎饼熏虫、击梁辟鼠、炒豆报捷等风俗活动。有的年份二月里初闻雷声,二月初二被视为"龙抬头"日,龙主雨水,雨足则年丰。家妇以畚箕盛草木灰,用擀面杖击打,画圈,称"打囤";圆心划"十"字,放五谷,圆外画梯子,意祈五谷丰登。城乡还以咸味"白墙土"或浸盐炒黄豆,称"蝎豆"(意炒死蝎类毒虫以除害),干脆咸香。家有属龙者,炒蝎豆须避开初二,以免降灾本人。此俗历久不衰。

晒衣节

农历六月初六为晒衣节,明清时很流行,一直延续到解放后。这一天人们除了把家藏的衣服、书籍拿出来晒以外,还要举行一些活动,如青州南部山区这天要祭山神,让山神管住豺狼,使百姓免受野狼危害;北部平原的农民这天要把纸钱挂于地头庄稼上,称挂地头,以求丰收。

乞巧节

农历七月初七,为乞巧节,也称七夕、七月七,相传为牛郎、织女双星相会之日,故亦称双星节、情人节。七夕作为节日当始于汉代,节俗是晒经书及衣裳,向双星乞愿和穿针乞巧。青州地区以七夕为节,举行多种多样的乞巧活动。过去,在乞巧之前有"请七姐姐"的活动,姑娘们白天到田地里去"偷"一些青秫秸,回家后搭一小棚,内供织女图。入夜后,姑娘们坐在织女像前,对拍巴掌向织女乞巧。边拍边唱:"一巴掌一月一,姐姐教我纳鞋底。二巴掌二月二,姐姐教我绣花裙……"一直唱到十二月。乞巧节的饮食,一般是面条、水饺、馒头和烙果子等。妇女习惯在七夕之日回娘家串亲。

中国国家地质公园丛书编制出版编目
ZHONGGUO GUOJIA DIZHIGONGYUAN CONGSHU BIANZHI CHUBAN BIANMU

卷本编号	分册序号	国家地质公园名录
第一卷		**北京卷**
1	025	北京石花洞国家地质公园
2	036	北京延庆硅化木国家地质公园
3	062	北京十渡国家地质公园
4	166	北京密云云蒙山国家地质公园
5	175	北京平谷黄松峪国家地质公园
第二卷		**天津卷**
1	019	天津蓟县国家地质公园
第三卷		**河北卷**
1	027	河北涞源白石山国家地质公园
2	029	河北秦皇岛柳江国家地质公园
3	032	河北阜平天生桥国家地质公园
4	069	河北赞皇嶂石岩国家地质公园
5	070	河北涞水野三坡国家地质公园
6	100	河北临城国家地质公园 ■
7	108	河北武安国家地质公园 ■
8	165	河北兴隆国家地质公园
9	170	河北迁安-迁西国家地质公园
10	192	河北邢台峡谷群国家地质公园
11	206	河北承德国家地质公园
第四卷		**山西卷**
1	030	黄河壶口瀑布国家地质公园
2	120	山西五台山国家地质公园
3	133	山西壶关峡谷国家地质公园
4	134	山西宁武冰洞国家地质公园
5	177	山西陵川王莽岭国家地质公园
6	183	山西大同火山群国家地质公园 ■
7	191	山西平顺天脊山国家地质公园
8	195	山西永和黄河蛇曲国家地质公园
9	228	山西榆社古生物化石国家地质公园
第五卷		**内蒙古卷**
1	014	内蒙古克什克腾国家地质公园 ■
2	066	内蒙古阿尔山国家地质公园
3	122	内蒙古阿拉善沙漠国家地质公园
4	147	内蒙古二连浩特国家地质公园
5	159	内蒙古宁城国家地质公园
6	208	内蒙古巴彦淖尔国家地质公园
7	210	内蒙古鄂尔多斯国家地质公园
8	226	内蒙古清水河老牛湾地质公园
9	236	内蒙古四子王地质公园
第六卷		**辽宁卷**
1	049	辽宁朝阳鸟化石国家地质公园
2	125	大连滨海国家地质公园
3	130	辽宁本溪国家地质公园
4	137	大连冰峪沟国家地质公园
5	225	辽宁锦州古生物化石和花岗岩地质公园
6	241	辽宁葫芦岛龙潭大峡谷地质公园
第七卷		**吉林卷**
1	077	吉林靖宇火山矿泉群国家地质公园
2	140	吉林长白山火山国家地质公园
3	181	吉林乾安泥林国家地质公园
4	207	吉林抚松国家地质公园
5	230	吉林四平地质公园
第八卷		**黑龙江卷**
1	006	黑龙江五大连池火山地貌国家地质公园 ■
2	024	黑龙江嘉荫恐龙国家地质公园
3	083	黑龙江伊春花岗岩石林国家地质公园
4	090	黑龙江镜泊湖国家地质公园
5	127	黑龙江兴凯湖国家地质公园
6	179	黑龙江伊春小兴安岭国家地质公园
7	219	黑龙江凤凰山国家地质公园
8	240	黑龙江山口地质公园
第九卷		**上海卷**
1	138	上海崇明岛国家地质公园
第十卷		**江苏卷**
1	075	江苏苏州太湖西山国家地质公园
2	121	江苏六合国家地质公园
3	158	江苏江宁汤山方山国家地质公园 ■
4	239	江苏连云港花果山地质公园
第十一卷		**浙江卷**
1	026	浙江常山国家地质公园 ■
2	038	浙江临海国家地质公园
3	047	浙江雁荡山国家地质公园 ■
4	055	浙江新昌硅化木国家地质公园 ■

卷本编号	分册序号	国家地质公园名录

第十二卷　安徽卷

1	012	安徽黄山国家地质公园■
2	028	安徽齐云山国家地质公园
3	035	安徽浮山国家地质公园
4	041	安徽淮南八公山国家地质公园
5	060	安徽祁门牯牛降国家地质公园
6	089	安徽天柱山国家地质公园
7	092	安徽大别山（六安）国家地质公园
8	145	安徽池州九华山国家地质公园
9	182	安徽凤阳韭山国家地质公园■
10	198	安徽广德太极洞国家地质公园
11	200	安徽丫山国家地质公园
12	229	安徽灵璧磬云山地质公园
13	237	安徽繁昌马仁山地质公园

第十三卷　福建卷

1	008	福建漳州滨海火山地貌国家地质公园
2	021	福建大金湖国家地质公园■
3	058	福建晋江深沪湾国家地质公园
4	067	福建福鼎太姥山国家地质公园
5	078	福建宁化天鹅洞群国家地质公园
6	091	福建德化石牛山国家地质公园
7	096	福建屏南白水洋国家地质公园
8	103	福建永安国家地质公园
9	149	福建连城冠豸山国家地质公园
10	167	福建白云山国家地质公园
11	194	福建平和灵通山国家地质公园
12	197	福建政和佛子山国家地质公园
13	231	福建清流温泉地质公园
14	232	福建三明郊野地质公园

第十四卷　江西卷

1	004	江西庐山第四纪冰川国家地质公园■
2	011	江西龙虎山丹霞地貌国家地质公园
3	102	江西三清山国家地质公园
4	124	江西武功山国家地质公园
5	234	江西石城地质公园

第十五卷　山东卷

| 1 | 018 | 山东山旺国家地质公园 |
| 2 | 034 | 山东枣庄熊耳山国家地质公园 |

卷本编号	分册序号	国家地质公园名录

3	079	山东东营黄河三角洲国家地质公园
4	086	山东泰山国家地质公园
5	101	山东沂蒙山国家地质公园■
6	114	山东长山列岛国家地质公园
7	144	山东诸城恐龙国家地质公园■
8	164	山东青州国家地质公园
9	185	山东莱阳白垩纪国家地质公园
10	202	山东沂源鲁山国家地质公园
11	224	山东昌乐火山地质公园

第十六卷　河南卷

1	003	河南嵩山地层构造国家地质公园■
2	022	河南焦作云台山国家地质公园
3	037	河南内乡宝天幔国家地质公园
4	045	河南王屋山国家地质公园
5	051	河南西峡伏牛山国家地质公园
6	054	河南嶂崎山国家地质公园
7	088	河南郑州黄河国家地质公园
8	099	河南关山国家地质公园
9	107	河南洛宁神灵寨国家地质公园
10	110	河南洛阳黛眉山国家地质公园
11	117	河南信阳金刚台国家地质公园
12	173	河南小秦岭国家地质公园
13	176	河南红旗渠—林虑山国家地质公园
14	211	河南汝阳恐龙国家地质公园
15	214	河南尧山国家地质公园

第十七卷　湖北卷

1	073	长江三峡国家地质公园（湖北）
2	104	湖北神农架国家地质公园
3	132	湖北木兰山国家地质公园
4	136	湖北郧县恐龙蛋化石群国家地质公园
5	143	湖北武当山国家地质公园■
6	171	湖北黄冈大别山国家地质公园■
7	203	湖北五峰国家地质公园
8	213	湖北咸宁九宫山—温泉国家地质公园
9	220	湖北恩施腾龙洞大峡谷地质公园
10	223	湖北长阳清江地质公园

第十八卷　湖南卷

| 1 | 002 | 湖南张家界砂岩峰林国家地质公园■ |

中国国家地质公园丛书编制出版编目
ZHONGGUO GUOJIA DIZHIGONGYUAN CONGSHU BIANZHI CHUBAN BIANMU

卷本编号	分册序号	国家地质公园名录	卷本编号	分册序号	国家地质公园名录
2	042	湖南郴州飞天山国家地质公园	3	084	重庆黔江小南海国家地质公园
3	043	湖南崀山国家地质公园	4	131	重庆云阳龙缸国家地质公园
4	098	湖南凤凰国家地质公园	5	160	重庆万盛国家地质公园
5	118	湖南古丈红石林国家地质公园	6	178	重庆綦江木化石—恐龙国家地质公园
6	126	湖南酒埠江国家地质公园	7	209	重庆酉阳国家地质公园
7	154	湖南乌龙山国家地质公园	**第二十三卷　四川卷**		
8	169	湖南湄江国家地质公园	1	007	四川自贡恐龙古生物国家地质公园
9	196	湖南平江石牛寨国家地质公园	2	010	四川龙门山构造地质国家地质公园
10	218	湖南浏阳大围山国家地质公园	3	017	四川海螺沟国家地质公园
11	222	湖南通道万佛山地质公园	4	020	四川大渡河峡谷国家地质公园
12	227	湖南安化雪峰湖地质公园	5	033	四川安县生物礁国家地质公园
第十九卷　广东卷			6	046	四川九寨沟国家地质公园
1	016	广东丹霞山国家地质公园	7	048	四川黄龙国家地质公园
2	031	广东湛江湖光岩国家地质公园	8	064	四川兴文石海国家地质公园
3	081	广东佛山西樵山国家地质公园	9	094	四川射洪硅化木国家地质公园
4	085	广东阳春凌霄岩国家地质公园	10	095	四川四姑娘山国家地质公园
5	093	广东深圳大鹏半岛国家地质公园	11	113	四川华蓥山国家地质公园
6	097	广东封开国家地质公园	12	119	四川江油国家地质公园
7	135	广东恩平地热国家地质公园	13	152	四川大巴山国家地质公园
8	168	广东阳山国家地质公园	14	157	四川光雾山—诺水河国家地质公园
第二十卷　广西卷			15	212	四川青川地震遗迹国家地质公园
1	044	广西资源国家地质公园	16	216	四川绵竹清平—汉旺国家地质公园
2	050	广西百色乐业大石围天坑群国家地质公园	**第二十四卷　贵州卷**		
3	053	广西北海涠洲岛火山国家地质公园	1	052	贵州关岭化石群国家地质公园
4	106	广西凤山岩溶国家地质公园	2	063	贵州兴义国家地质公园
5	123	广西鹿寨香桥岩溶国家地质公园	3	080	贵州织金洞国家地质公园
6	156	广西大化七百弄国家地质公园	4	082	贵州绥阳双河洞国家地质公园
7	163	广西桂平国家地质公园	5	115	贵州六盘水乌蒙山国家地质公园
8	189	广西宜州水上石林国家地质公园	6	128	贵州平塘国家地质公园
9	199	广西浦北五皇山国家地质公园	7	150	贵州黔东南苗岭国家地质公园
10	221	广西都安地下河地质公园	8	153	贵州思南乌江喀斯特国家地质公园
11	233	广西罗城地质公园	9	204	贵州赤水丹霞国家地质公园
第二十一卷　海南卷			**第二十五卷　云南卷**		
1	074	海南海口石山火山群国家地质公园	1	001	云南石林岩溶峰林国家地质公园
第二十二卷　重庆卷			2	005	云南澄江动物群古生物国家地质公园
1	065	重庆武隆岩溶国家地质公园	3	015	云南腾冲火山国家地质公园
2	073	长江三峡国家地质公园（重庆）	4	056	云南禄丰恐龙国家地质公园
			5	059	云南玉龙黎明—老君山国家地质公园

卷本编号	分册序号	国家地质公园名录	卷本编号	分册序号	国家地质公园名录
6	087	云南大理苍山国家地质公园			**第二十九卷 青海卷**
7	141	云南丽江玉龙雪山冰川国家地质公园	1	068	青海尖扎坎布拉国家地质公园
8	146	云南九乡峡谷洞穴国家地质公园	2	105	青海久治年宝玉则国家地质公园
9	184	云南罗平生物群国家地质公园	3	112	青海格尔木昆仑山国家地质公园
10	188	云南泸西阿庐国家地质公园	4	116	青海互助嘉定国家地质公园
		第二十六卷 西藏卷	5	174	青海贵德国家地质公园
1	040	西藏易贡国家地质公园	6	205	青海青海湖国家地质公园
2	129	西藏札达土林国家地质公园	7	217	青海玛沁阿尼玛卿山国家地质公园
3	161	西藏羊八井国家地质公园			**第三十卷 宁夏卷**
		第二十七卷 陕西卷	1	076	宁夏西吉火石寨国家地质公园
1	009	陕西翠华山山崩地质灾害国家地质公园	2	151	宁夏灵武国家地质公园
2	030	黄河壶口瀑布国家地质公园			**第三十一卷 新疆卷**
3	039	陕西洛川黄土国家地质公园	1	057	新疆布尔津喀纳斯湖国家地质公园
4	111	陕西延川黄河蛇曲国家地质公园	2	072	新疆奇台硅化木—恐龙国家地质公园
5	162	陕西商南金丝峡国家地质公园	3	109	新疆富蕴可可托海国家地质公园
6	180	陕西岚皋南宫山国家地质公园	4	142	新疆天山天池国家地质公园
7	193	陕西柞水溶洞国家地质公园	5	148	新疆库车大峡谷国家地质公园
8	215	陕西耀州照金丹霞国家地质公园	6	186	新疆吐鲁番火焰山国家地质公园
		第二十八卷 甘肃卷	7	187	新疆温宿盐丘国家地质公园
1	013	甘肃敦煌雅丹国家地质公园			**第三十二卷 香港卷**
2	023	甘肃刘家峡恐龙国家地质公园	1	139	香港国家地质公园
3	061	甘肃景泰黄河石林国家地质公园			
4	071	甘肃平凉崆峒山国家地质公园			
5	155	甘肃和政古生物化石国家地质公园			
6	172	甘肃天水麦积山国家地质公园			
7	190	甘肃炳灵国家地质公园			
8	201	甘肃张掖国家地质公园			
9	235	甘肃宕昌官鹅沟地质公园			
10	238	甘肃临潭冶力关地质公园			

注：① 《中国国家地质公园丛书》分册编目序号，按照国土资源部公布的各批国家地质公园名录顺序编列。该序号为该公园专用号；
② 《中国国家地质公园丛书》卷本编号按中国地图集各省(市、区)排序编列；
③ 本编截至2014年1月14日国土资源部公布的第七批国家地质公园资格；
④ ■ 为已出版书目。